눈이 편안

User-Created Contents

동영상 제작+편집

저자_김혜경 | **기획**_기획1팀 | **총괄**_김태경 | **진행**_정미정

눈이 편한 동영상 제작+편집

Copyright ⓒ 2018 by youngjin.com Inc.
1016, 10F, Worldmerdian Venture Center 2nd, 123, Gasan-digital 2-ro, Geumcheon-gu, Seoul 08505, Korea.
All rights reserved. First published by Youngjin.com Inc. in 2011. Printed in Korea.

저작권법에 의하여 한국 내에서 보호를 받는 저작물이므로 무단 전재와 무단 복제를 금합니다.

이 책에 언급된 모든 상표는 각 회사의 등록 상표입니다.
또한 인용된 사이트의 저작권은 해당 사이트에 있음을 밝힙니다.

ISBN 978-89-314-4077-5

독자님의 의견을 받습니다.

이 책을 구입한 독자님은 영진닷컴의 가장 중요한 비평가이자 조언가입니다. 저희 책의 장점과 문제점이 무엇인지, 어떤 책이 출판되기를 바라는지, 책을 더욱 알차게 꾸밀 수 있는 아이디어가 있으면 팩스나 이메일, 또는 우편으로 연락주시기 바랍니다. 의견을 주실 때에는 책 제목 및 독자님의 성함과 연락처(전화번호나 이메일)를 꼭 남겨 주시기 바랍니다. 독자님의 의견에 대해 바로 답변을 드리고, 또 독자님의 의견을 다음 책에 충분히 반영하도록 늘 노력하겠습니다.

이메일 _ support@youngjin.com
주 소 _ (주)08505 서울 금천구 가산디지털 2로 123 월드메르디앙벤처센터 2차 10층 1016호 (주) 영진닷컴

만든 사람들

저자_김혜경 | **기획**_기획1팀 | **총괄**_김태경 | **진행**_정미정
내지 디자인_영진닷컴 디자인팀 | **표지 디자인**_영진닷컴 디자인팀 임정원

이 책의 구성   introduction

이 책은 24차시로 이루어졌으며 다음과 같은 요소들로 구성되어 있습니다.

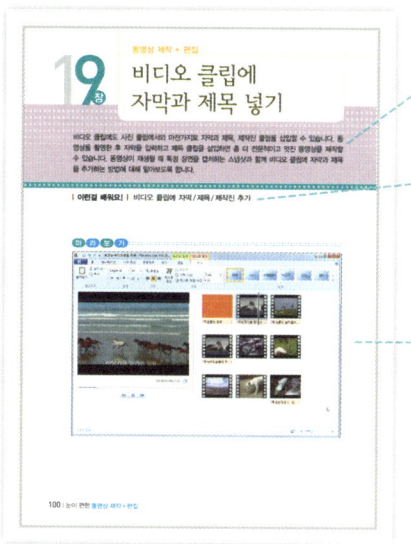

배울 내용 | 각 차시에서 배우게 되는 내용에 대해 간략하게 설명하고 학습 방향을 제시합니다.

이런걸 배워요! | 따라하기를 통해 어떤 기능을 학습하게 될지 간략하게 살펴봅니다. 배울 내용을 미리 알아두면 훨씬 쉽고 재미있게 학습할 수 있습니다.

미리보기 | 각 차시에서 배우게 되는 예제의 완성된 모습을 미리 확인할 수 있습니다.

따라하기 | 예제를 만드는 과정과 방법을 순서대로 보면서 쉽게 따라할 수 있습니다.

TIP | 본문에서 설명하지 않은 내용 중 중요하거나 알아두면 좋은 내용 등을 정리하였습니다.

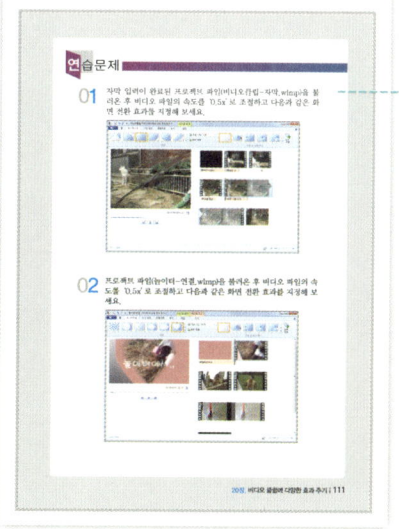

연습문제 | 해당 차시에서 배운 내용을 토대로 좀더 응용된 예제를 조금씩 다른 난이도로 만들어 배운 기능을 한 번 더 다질 수 있도록 하였습니다.

이 책의 목차 contents

- **01장** | UCC 이해하기 ········· 6
- **02장** | 제작에 필요한 사진과 동영상 가져오기 1 ········· 11
- **03장** | 제작에 필요한 사진과 동영상 가져오기 2 ········· 16
- **04장** | 포토스케이프 실행하고 사진 찾아보기 ········· 21
- **05장** | 포토스케이프로 사진 편집하기 ········· 26
- **06장** | 포토스케이프로 사진 꾸미기 ········· 31
- **07장** | GIF 애니메이션 제작하기 ········· 37
- **08장** | 윈도우 무비 메이커 시작하기 ········· 43
- **09장** | 프로젝트 저장하고 불러오기 ········· 48
- **10장** | 동영상 마법사 테마로 동영상 제작하기 ········· 53
- **11장** | 자막 넣고 효과 주기 ········· 58
- **12장** | 제목과 제작진 작업하기 ········· 63
- **13장** | 애니메이션 효과 주기 ········· 68

14장	시각 효과 지정하기	73
15장	배경 음악 삽입하기	79
16장	배경 음악 편집하기	84
17장	완성된 작품 동영상으로 저장하기	89
18장	비디오 클립으로 동영상 제작하기	95
19장	비디오 클립에 자막과 제목 넣기	100
20장	비디오 클립에 다양한 효과 주기	106
21장	제작한 동영상 유튜브(Youtube)에 올리기	112
22장	제작한 동영상 카페와 블로그에 올리기	118
23장	Daum 팟인코더를 이용해 동영상 변환하기	124
24장	DVD로 제작하고 감상하기	129

동영상 제작 + 편집

01장 UCC 이해하기

UCC란 무엇일까요? 사람들의 입에 자주 오르내리는 UCC 의미와 나만의 특별한 UCC를 제작하기 위해서는 어떤 것들이 필요한지 알아보도록 합니다.

| 이런걸 배워요! | UCC란, UCC 제작에 필요한 것들

미 리 보 기

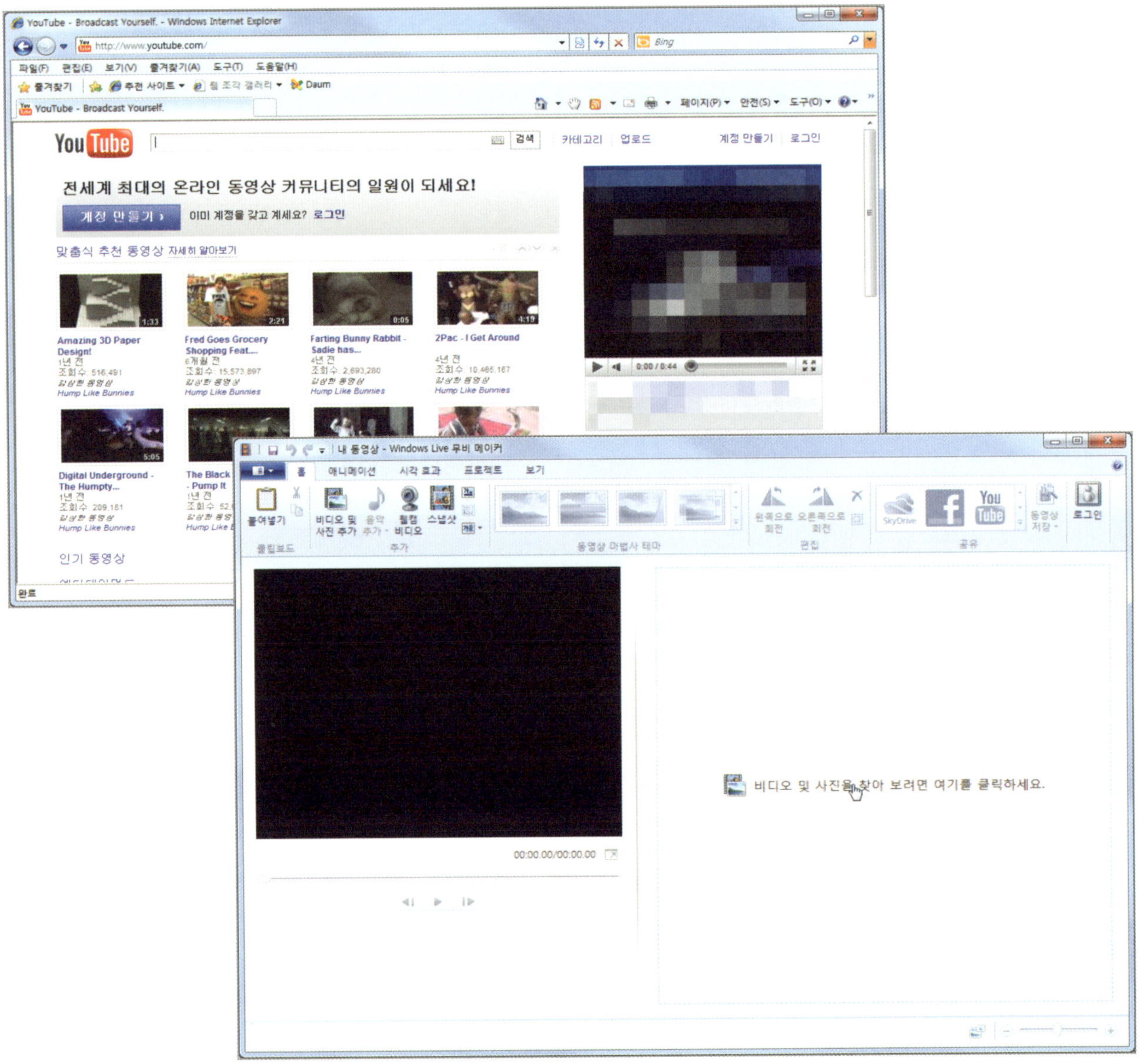

Step 1 UCC란?

인터넷과 휴대전화, 디지털 카메라 등의 정보통신 분야가 발달하면서 전문가가 아닌 일반인들도 빠르고 의미 있는 정보를 많이 생산해낼 수 있게 되었습니다. UCC는 User Created Contents의 줄임말로 사용자가 개인적으로 직접 만든 창작물을 말합니다. 우리가 블로그에 올리는 사진이나 동영상, 게시판의 글 등을 모두 UCC라고 말할 수 있습니다. 초기의 UCC는 단순히 보고 즐기는 글과 사진 위주의 콘텐츠 형태였지만 현재는 동영상 위주의 콘텐츠로 발전하고 있습니다.

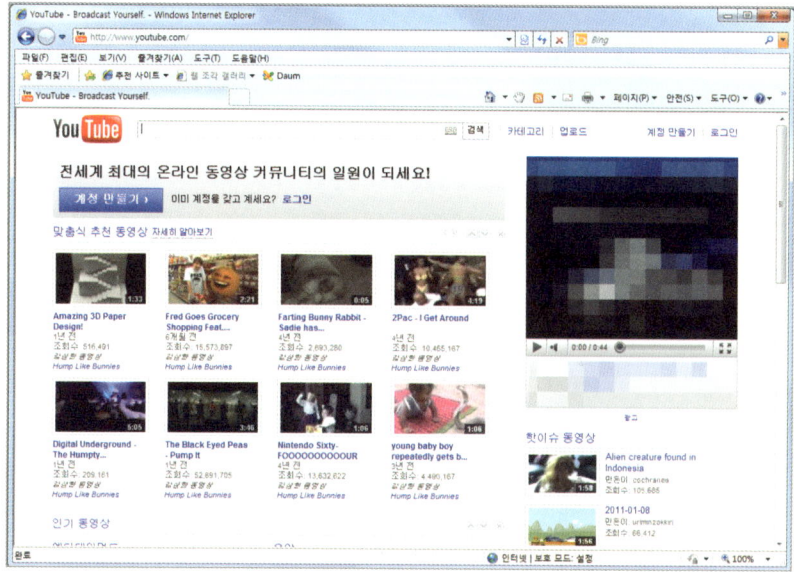

수많은 사람들이 직접 제작한 UCC는 어디서 볼 수 있을까요? 유명한 동영상 포털 사이트로는 미국의 유튜브(YouTube)와 국내의 다음팟, 판도라TV, 엠군, 아프리카 등이 있습니다.

1장. UCC 이해하기 | 7

Step 2 UCC 제작에 필요한 것들

- 사진이나 영상을 촬영하는 디지털 카메라, 캠코더, 휴대폰 등의 기기와 인화된 사진이나 그림을 스캔할 수 있는 스캐너가 필요합니다. 스캐너는 종이 사진이나 그림 등을 컴퓨터용 파일로 변환할 때 사용합니다. 디지털 카메라, 캠코더, 휴대폰의 자료를 컴퓨터로 옮길 때는 각 기계에 맞는 USB 케이블이 필요합니다.

▲ 디지털 카메라

▲ 휴대폰

▲ 캠코더

▲ 스캐너

▲ 케이블

- 컴퓨터로 옮긴 사진을 편집하기 위해서는 알씨(AlSee)나 포토스케이프(PhotoScape) 등의 프로그램이 필요합니다.

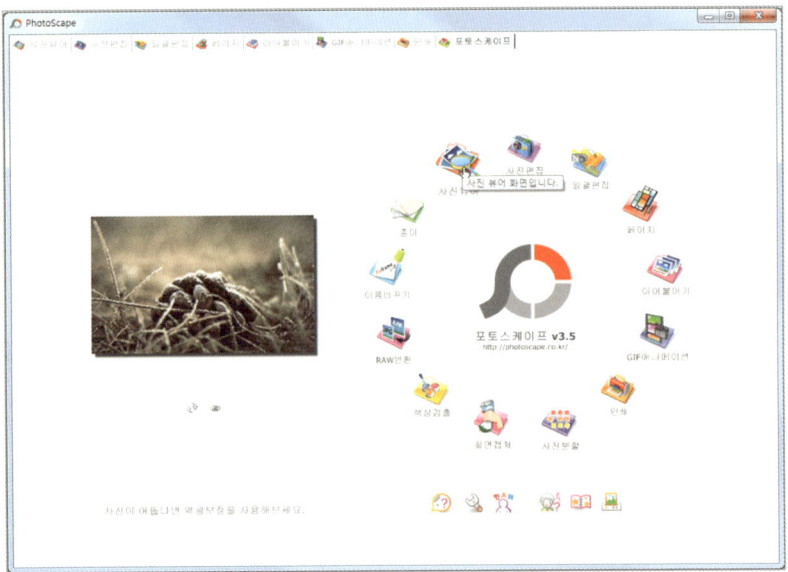
▲ 포토스케이프

- 동영상을 제작하려면 영상 편집 프로그램이 필요합니다. '윈도우 무비 메이커'와 같이 무료로 제공되는 프로그램을 사용하기도 하고, '베가스'나 '프리미어'와 같은 상용 프로그램을 사용하기도 합니다. 여기서는 '윈도우 무비 메이커'를 사용합니다.

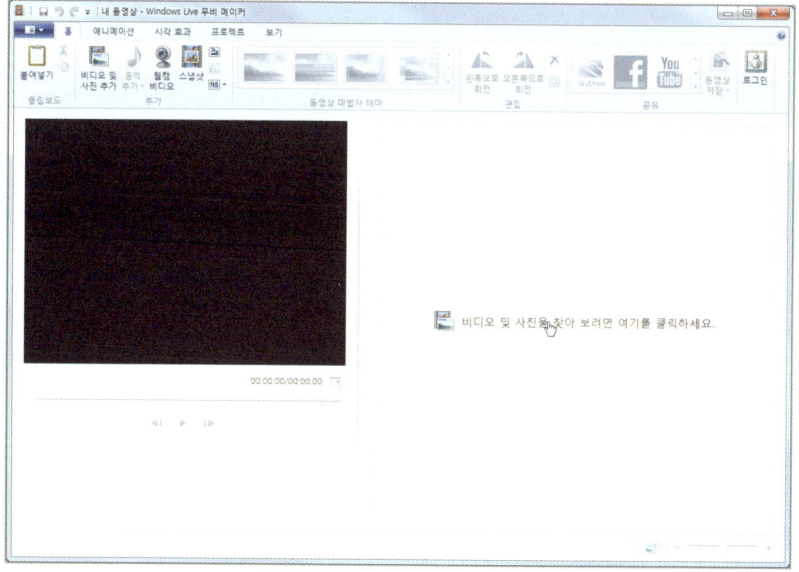

▲ 윈도우 무비 메이커

- 동영상 제작이나 편집이 완료되면 영상을 인터넷에 올리기 위한 사이트의 계정이 필요합니다. 다음팟이나 유튜브 등에 미리 계정을 만들어 두거나, 미니홈피나 블로그를 만들어 영상을 업로드합니다.

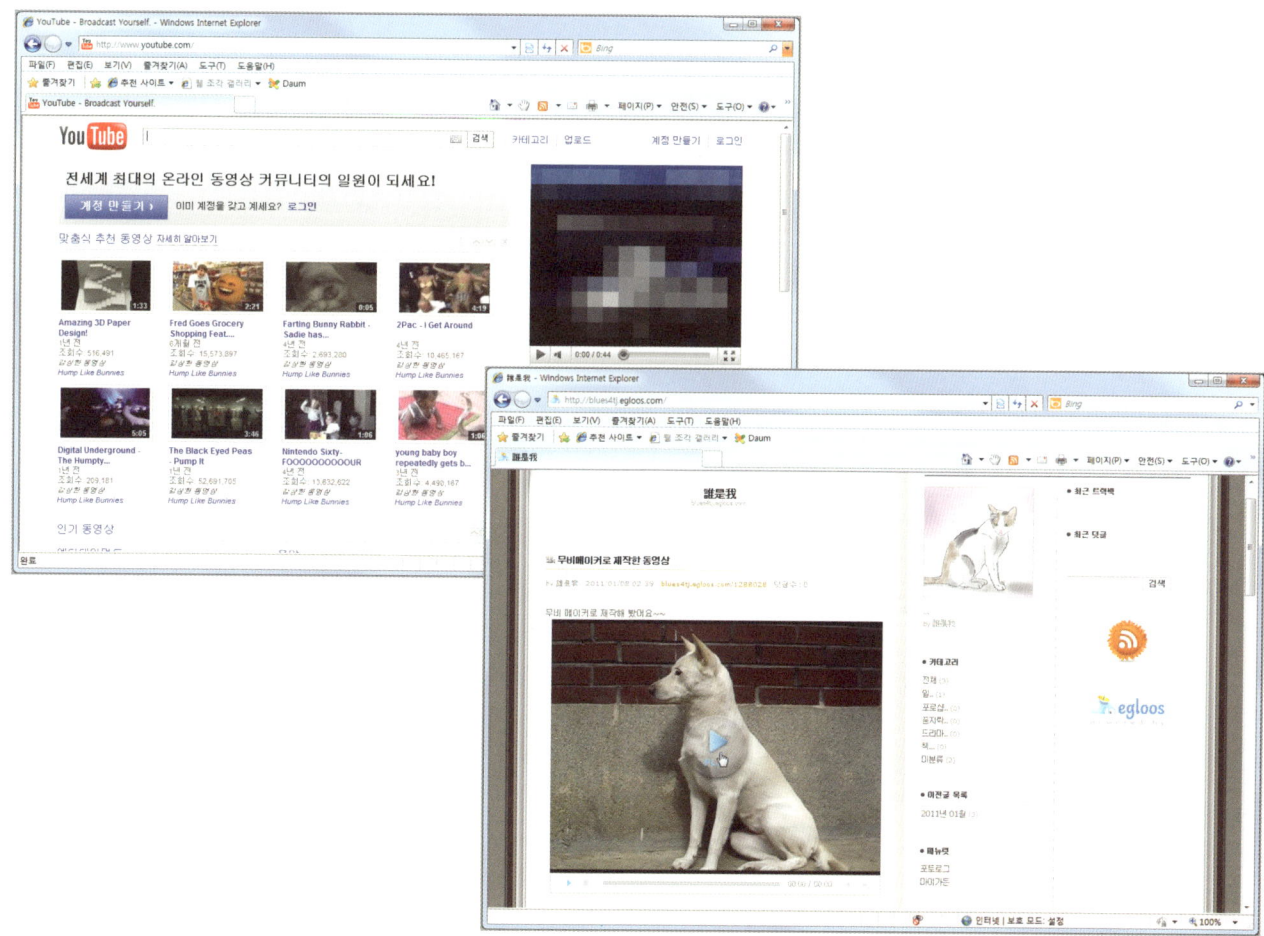

연습문제

01 유튜브 사이트에서 좋아하는 스포츠 경기를 검색하고 감상해 보세요.

02 Daum TV팟 사이트에서 귀여운 애완동물의 동영상을 검색하고 감상해 보세요.

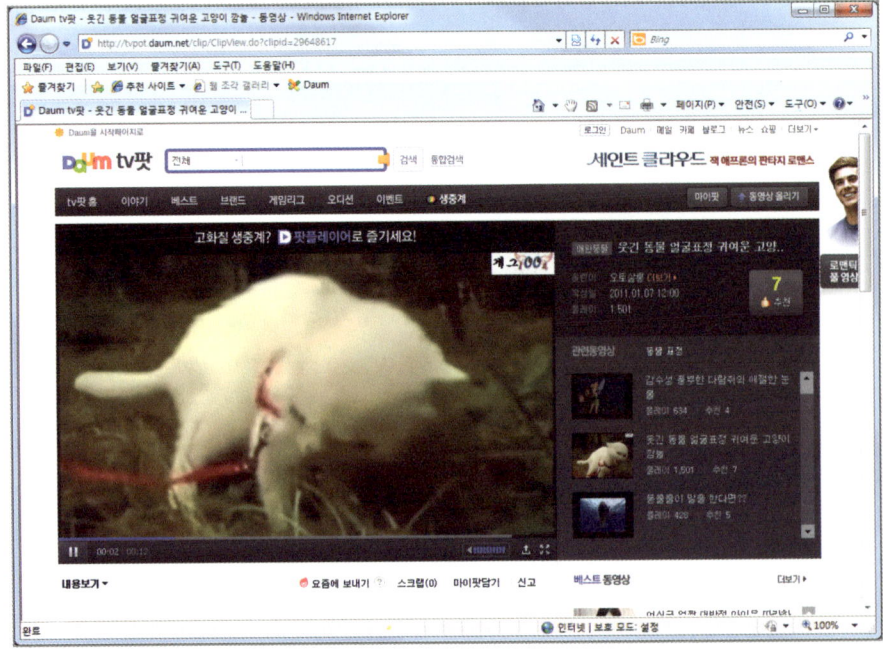

동영상 제작 + 편집

제작에 필요한 사진과 동영상 가져오기 1

'UCC란 무엇일까?'에 대해 알아봤다면 이제는 본격적으로 동영상 제작에 필요한 재료들을 내 컴퓨터로 옮겨 놓아야 합니다. 디지털 카메라로 찍은 사진이나 동영상을 내 컴퓨터로 가져오는 방법과 스캐너를 이용하여 사진을 스캔하는 방법에 대해 알아보도록 합니다.

| 이런걸 배워요! | 디지털 카메라에서 자료 옮기기, 스캐너 사용하기

미 리 보 기

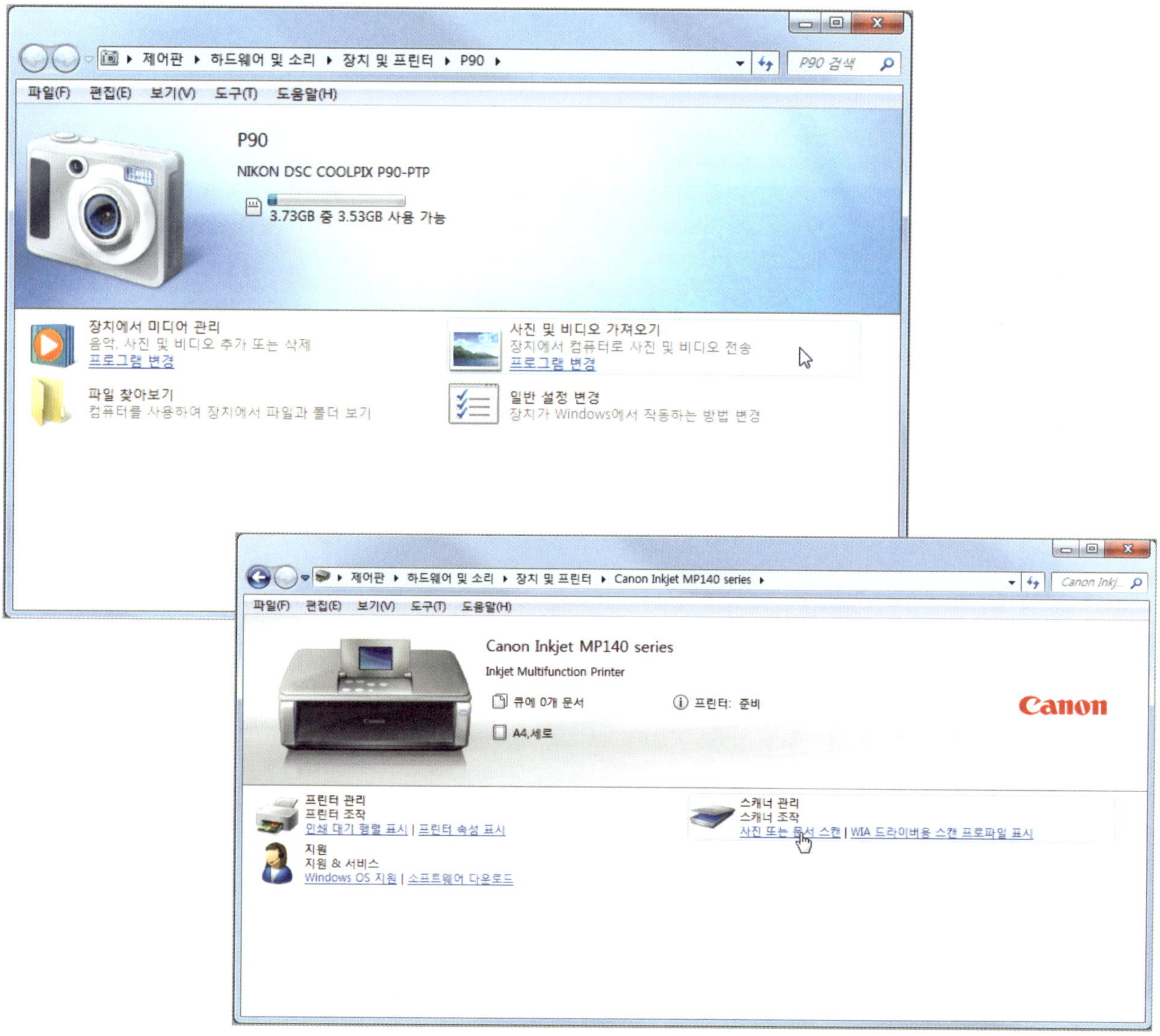

 **디카에서 내 컴퓨터로 자료 옮기기**

01 컴퓨터의 USB 포트에 디지털 카메라 USB 케이블을 연결하면 다음과 같은 창이 나타납니다. 장치의 메뉴 중 [사진 및 비디오 가져오기]를 클릭합니다.

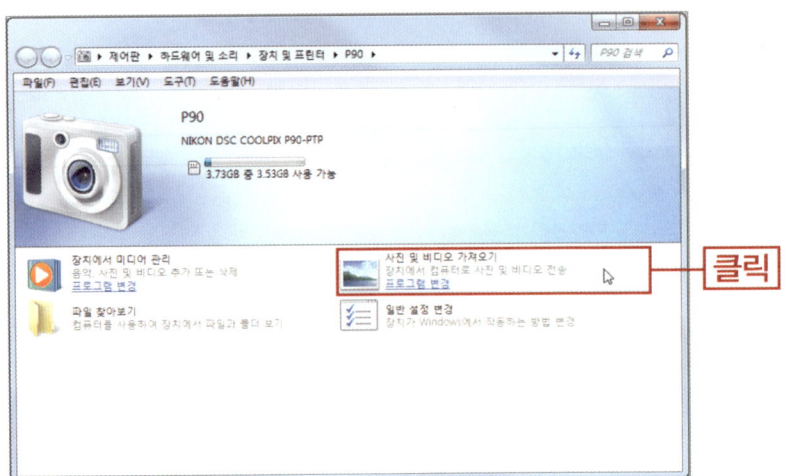

02 [사진 및 비디오 가져오기] 창이 나타났을 때 [가져오기]를 클릭하면 디카의 사진들이 내 컴퓨터로 옮겨지는 과정이 나타납니다.

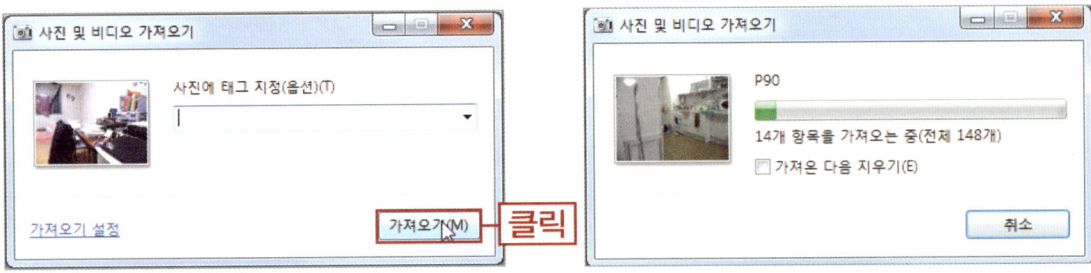

03 디카의 사진들이 복사된 폴더가 자동으로 나타나면서 컴퓨터로 옮겨진 사진을 확인할 수 있습니다.

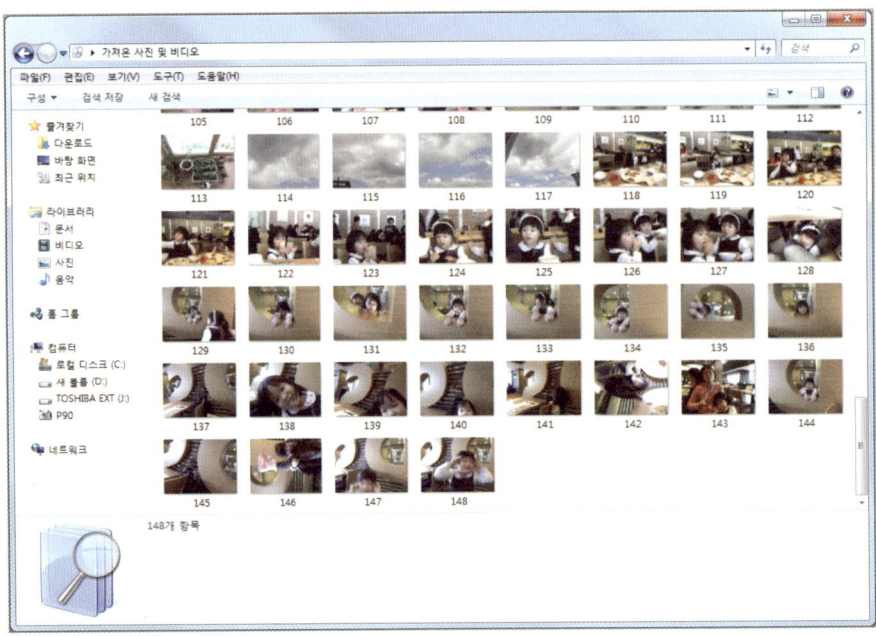

Step 2 사진 스캔하기

04 윈도우의 [시작] 단추()를 클릭한 후 [장치 및 프린터]를 클릭합니다.

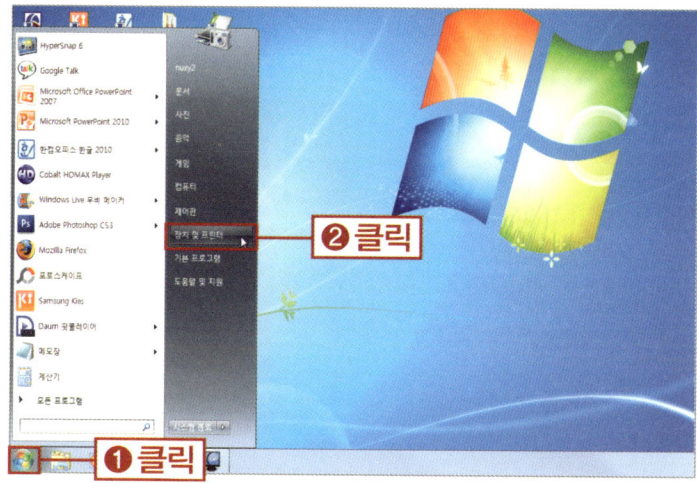

05 내 컴퓨터에 연결된 장치를 보여주는 [장치 및 프린터] 창이 나타납니다. 이 중 스캐너 혹은 스캐너 기능이 있는 프린터 아이콘을 더블클릭합니다.

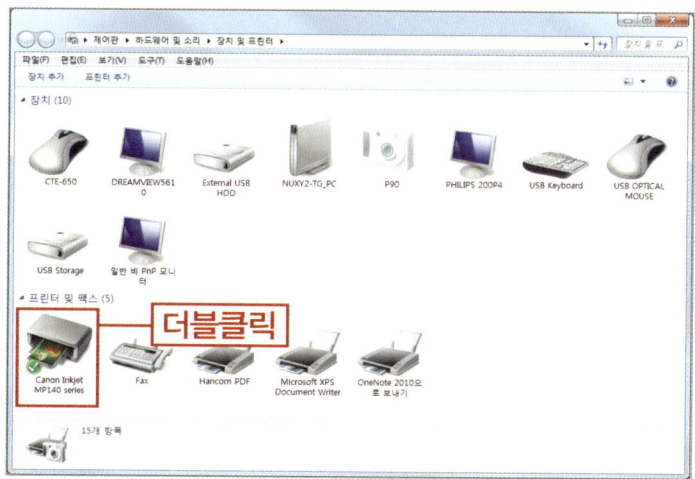

06 컴퓨터에 연결된 장치 메뉴가 나타나면 그 중 스캔 메뉴를 클릭합니다.

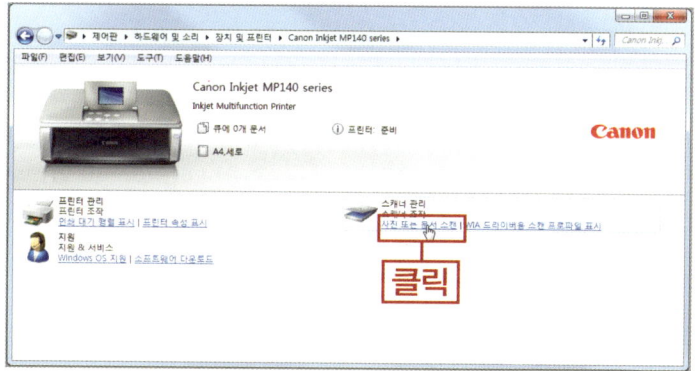

TIP 사용자의 컴퓨터에 연결된 스캐너의 종류에 따라 [장치 및 프린터] 창에 나타나는 메뉴는 달라질 수 있습니다.

07 스캐너에 스캔할 사진을 넣은 후 [스캔]을 클릭하면 사진이 스캐되는 과정이 나타납니다.

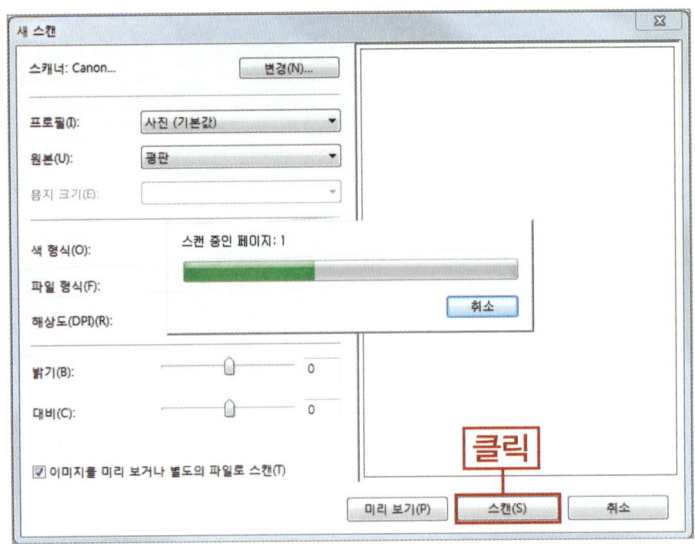

08 사진의 스캔이 완료되면 [사진 및 비디오 가져오기] 대화상자가 나타납니다. [가져오기]를 클릭합니다.

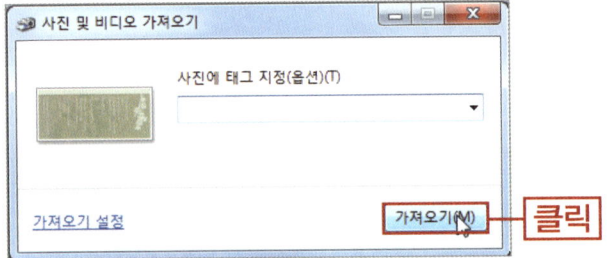

> **TIP** 스캔한 사진을 기본 폴더가 아닌 사용자가 원하는 폴더로 변경하여 저장하고 싶을 때는 [사진 및 비디오 가져오기] 대화상자의 '가져오기 설정'을 클릭합니다.

09 스캐너를 이용해 스캔한 사진 이미지가 윈도우 기본 폴더에 저장된 것을 확인할 수 있습니다.

연습문제

01 디지털 카메라에서 사진을 내 컴퓨터로 전송할 때 원하는 폴더로 변경한 후 전송해 보세요.

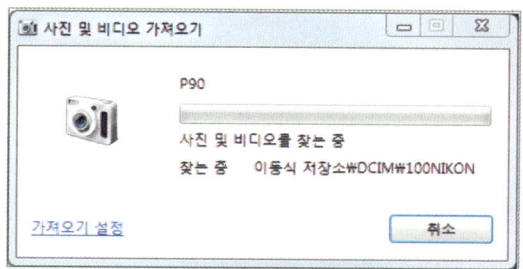

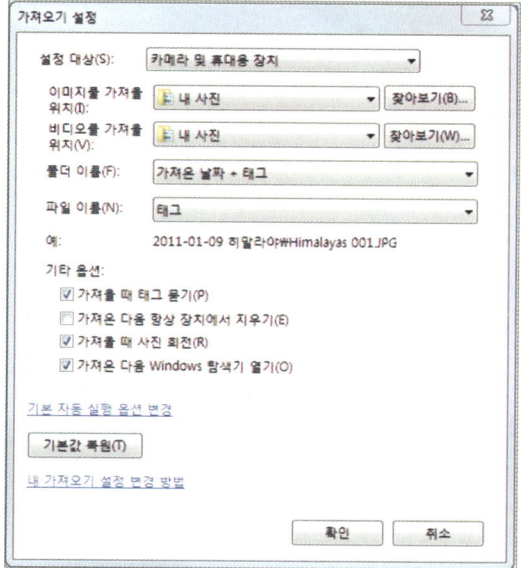
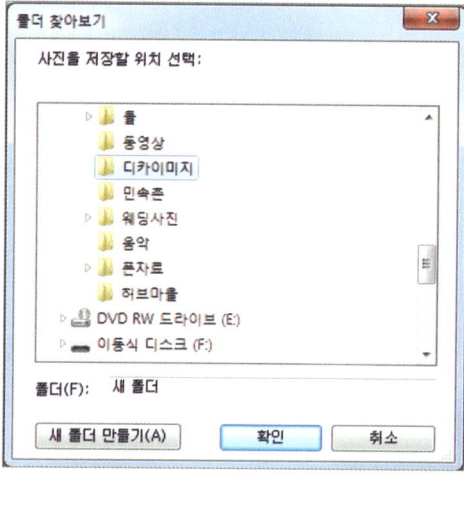

02 좋아하는 책 표지를 스캐너를 사용하여 스캔한 후 내 컴퓨터에 저장해 보세요.

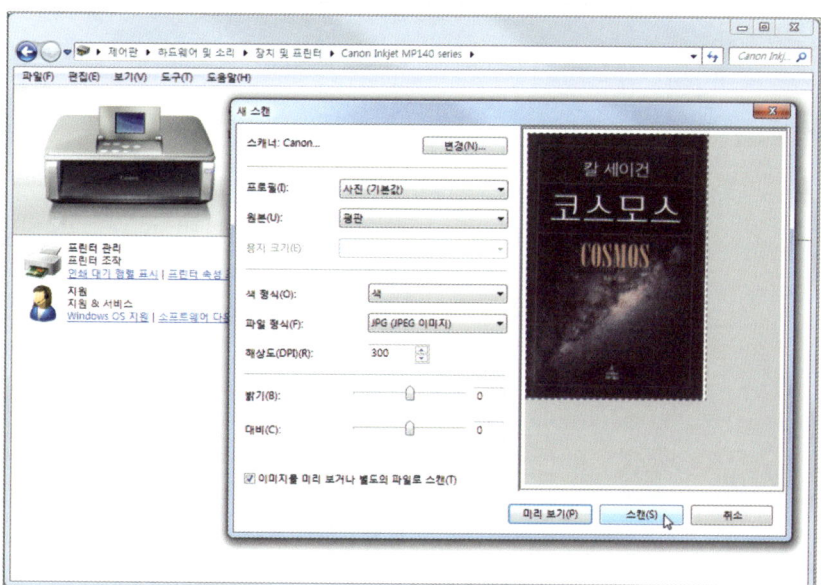

동영상 제작 + 편집

제작에 필요한 사진과 동영상 가져오기 2

휴대폰의 성능이 향상되고 스마트폰의 등장으로 디카나 캠코더의 역할을 이제는 휴대폰으로도 가능하게 되었습니다. 내 휴대폰으로 촬영한 사진이나 영상을 컴퓨터로 옮기는 과정과 윈도우 무비 메이커를 이용해 자료를 옮기는 방법에 대해 알아봅니다.

│ 이런걸 배워요! │ 휴대폰에서 자료 옮기기, 윈도우 무비 메이커를 이용해 자료 옮기기

미리보기

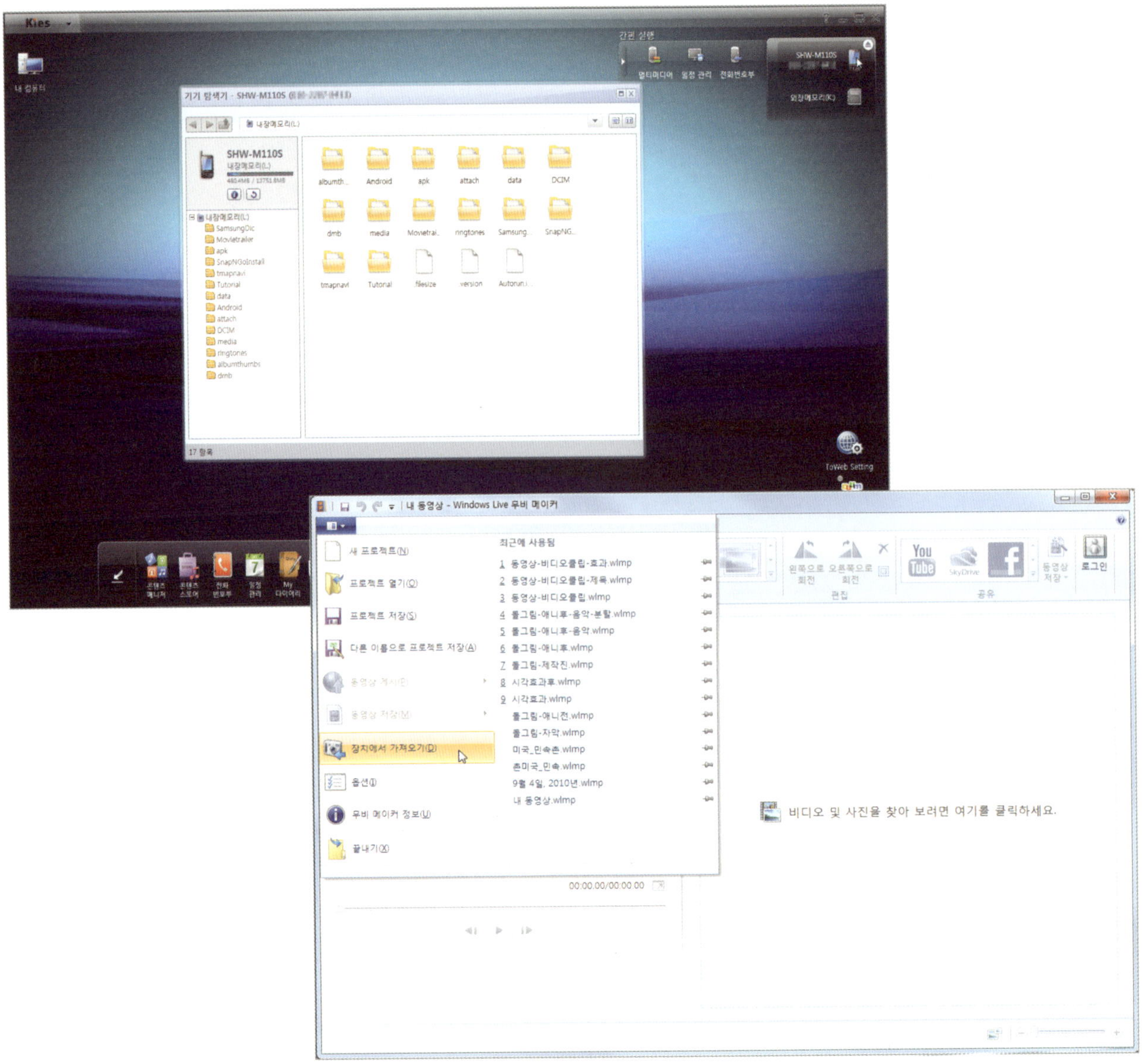

 **휴대폰에서 내 컴퓨터로 자료 옮기기**

01 휴대폰과 컴퓨터를 USB 케이블로 연결한 후 전용 프로그램을 실행합니다. 휴대폰 전용 프로그램에 휴대폰 기종과 번호가 나타나면서 두 기기가 연결되면 기기 탐색기를 실행합니다.

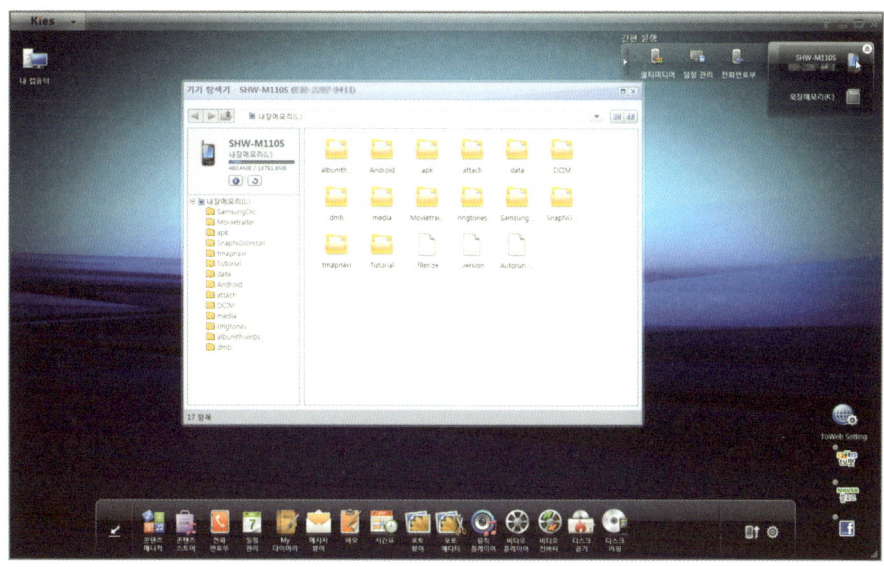

TIP 휴대폰의 자료를 컴퓨터로 옮기기 위해서는 휴대폰 전용 프로그램이 필요합니다. 이 프로그램은 휴대폰의 기종에 따라 각기 달라집니다. 프로그램은 해당 휴대폰 웹 사이트에서 다운로드 받아 설치합니다.

02 기기 탐색기에서 사진과 비디오가 저장된 폴더를 열고 컴퓨터로 옮길 파일을 모두 선택합니다. 파일이 선택된 상태에서 마우스 오른쪽 단추를 클릭한 후 [PC로 파일 복사]를 선택하면 휴대폰에서 내 컴퓨터로 파일이 전송됩니다.

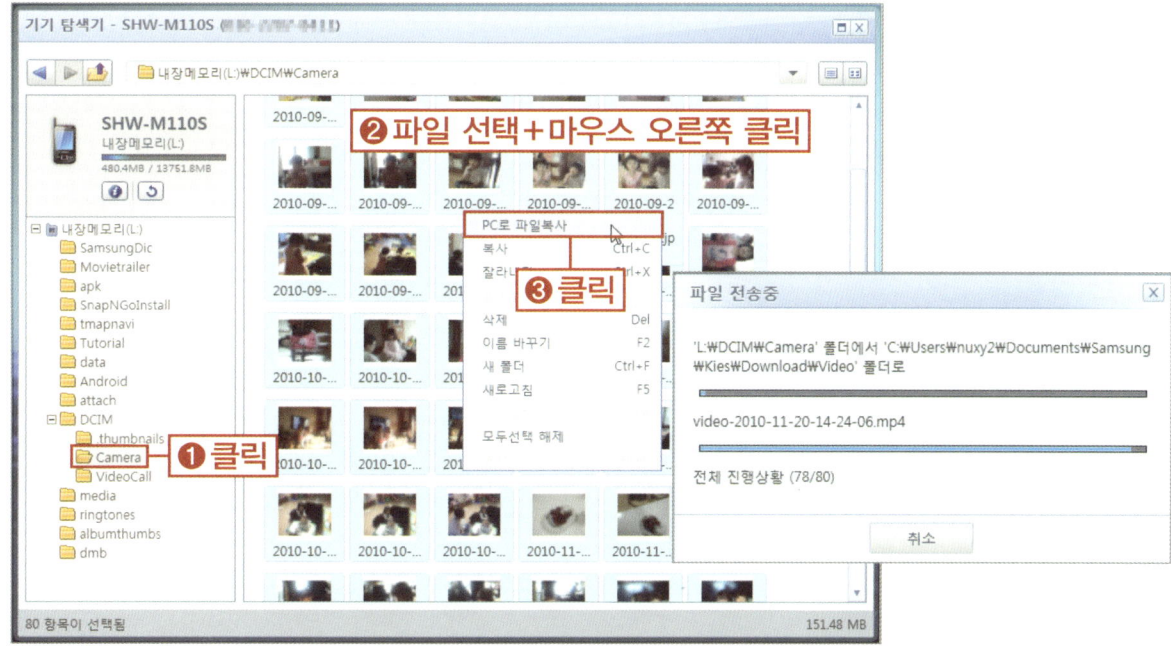

TIP 전송이 완료되었다는 메시지가 나타나면 [폴더 열기]를 클릭하거나, 윈도우 탐색기를 실행한 후 저장된 폴더를 선택하여 전송된 휴대폰 파일을 확인할 수 있습니다.

Step 2 윈도우 무비 메이커를 이용해 자료 옮기기

03 윈도우의 [시작] 단추()를 클릭한 후 [모든 프로그램]-[Windows Live 무비 메이커]를 선택합니다. 윈도우 무비 메이커가 실행되면 를 클릭하여 [장치에서 가져오기]를 선택합니다.

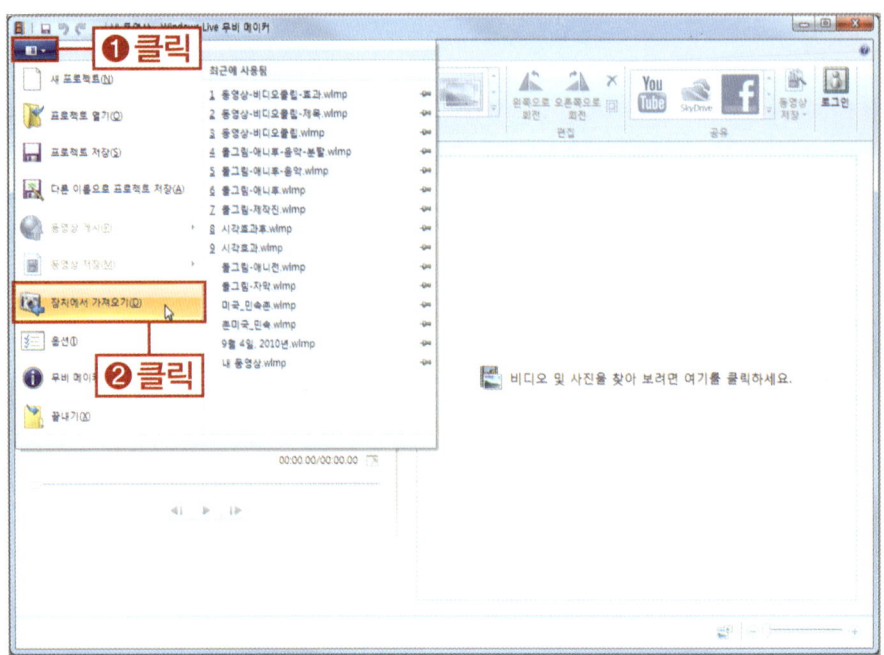

> **TIP** 윈도우 무비 메이커는 윈도우 라이브 사이트(http://windowslive.joinsmsn.com/)에서 다운로드 받은 후 설치합니다. 윈도우 무비 메이커의 자세한 사용 방법은 8장에서 설명합니다.

04 [Windows Live 무비 메이커] 대화상자가 나타납니다. 윈도우 라이브 사진 갤러리로 사진과 비디오를 가져올 것인지 물으면 [확인]을 클릭합니다. [사진 및 비디오 가져오기] 대화상자가 나타나면 연결된 장치 중 하나를 선택한 후 [가져오기]를 클릭합니다.

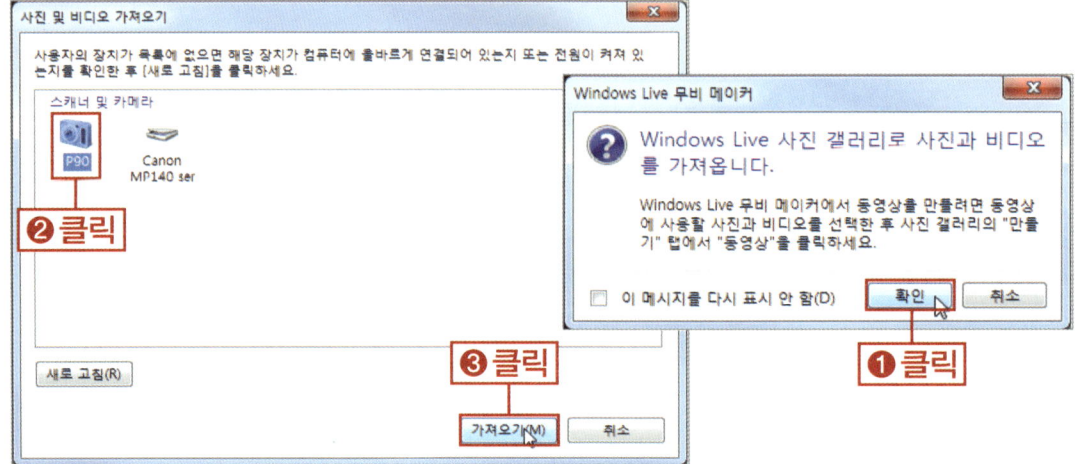

05 장치에서 사진 및 비디오를 찾는 과정이 나타나면 [다음]을 클릭합니다.

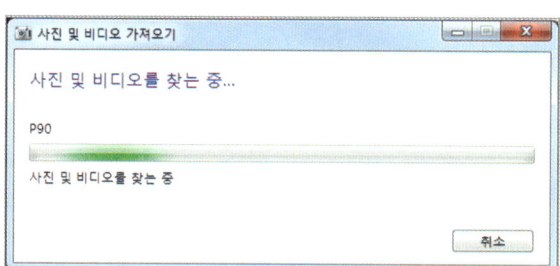 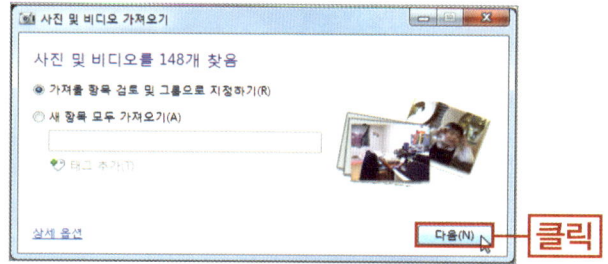

06 [사진 및 비디오 가져오기] 대화상자에 가져올 사진과 비디오의 목록이 나타나면 모두 선택하거나 원하는 파일만 선택한 후 [가져오기]를 클릭합니다.

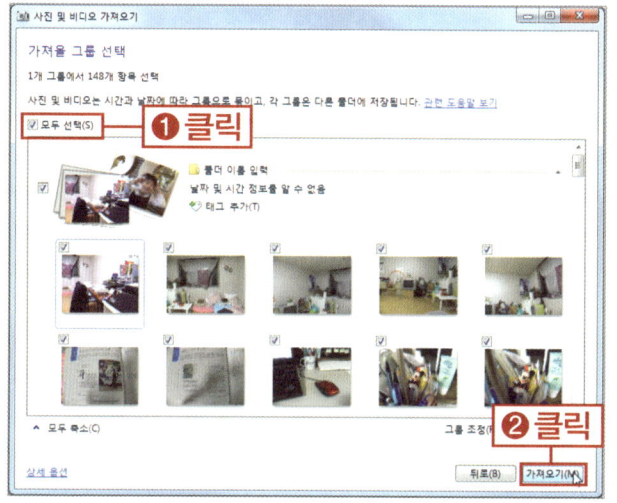 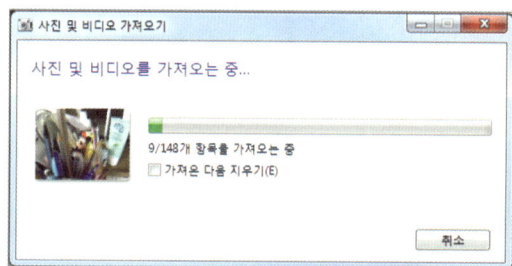

07 장치에서 사진과 비디오 가져오기가 모두 끝나면 자동으로 윈도우 라이브 사진 갤러리가 실행되면서 전송된 사진과 비디오를 확인할 수 있습니다.

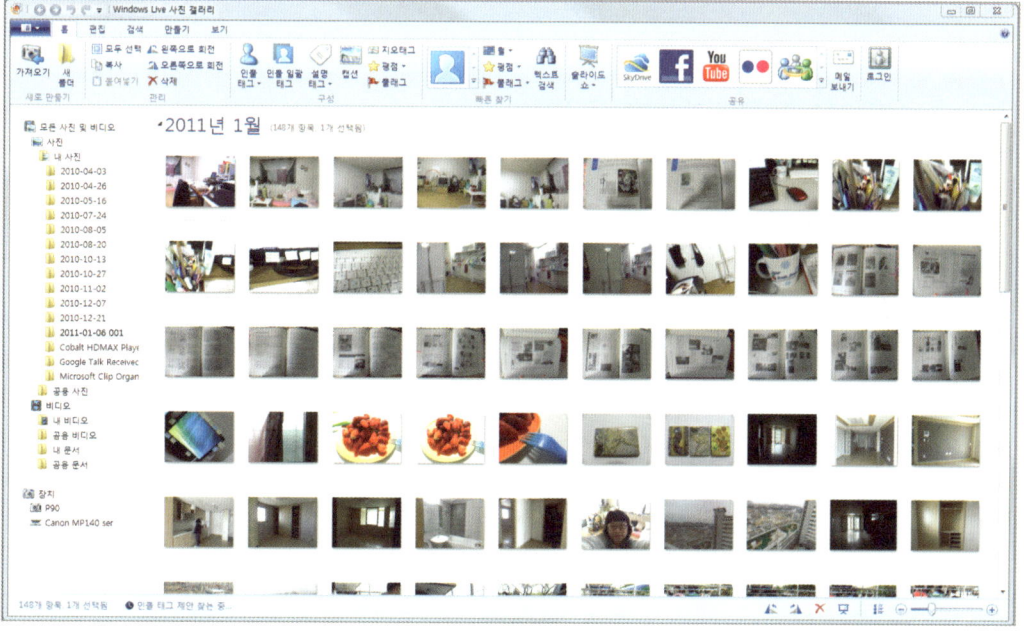

> **TIP** 'Windows Live'가 붙는 프로그램은 윈도우를 설치했을 때 기본적으로 제공되는 프로그램이 아닌 윈도우 라이브 사이트에서 직접 다운로드 받아 설치해야 하는 프로그램입니다. 윈도우 라이브 무비 메이커를 다운로드 받을 때 윈도우 라이브 사진 갤러리도 패키지로 포함되어 있어 설치 후 사용할 수 있습니다.

연습문제

01 내 휴대폰으로 찍은 사진과 동영상 중에서 동영상만 골라 컴퓨터로 옮겨보세요.

02 윈도우 무비 메이커를 실행하고 [장치에서 가져오기] 메뉴를 이용하여 카메라의 사진을 컴퓨터로 옮겨보세요.

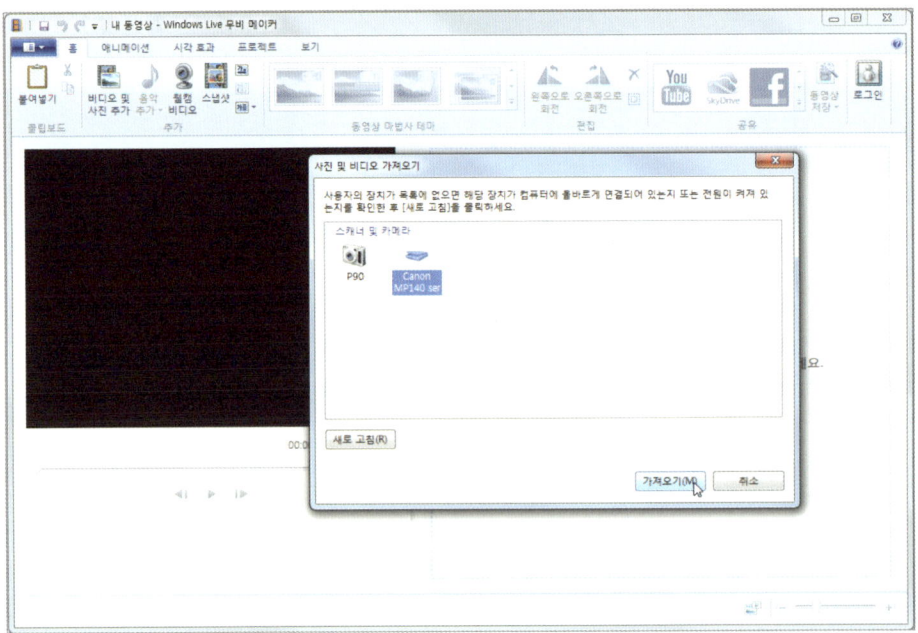

동영상 제작 + 편집

포토스케이프 실행하고 사진 찾아보기

디카나 휴대폰으로 찍은 사진을 그대로 사용할 수도 있지만 밝기와 선명도 등을 조정하거나 다양한 효과를 적용하여 사용하는 경우도 있습니다. 촬영한 사진을 좀 더 보기 좋게 보정할 수 있는 프로그램인 포토스케이프를 실행하고 저장된 사진을 확인해 봅니다.

| 이런걸 배워요! | 포토스케이프 실행, 사진 뷰어, 파일 이름 일괄 변경

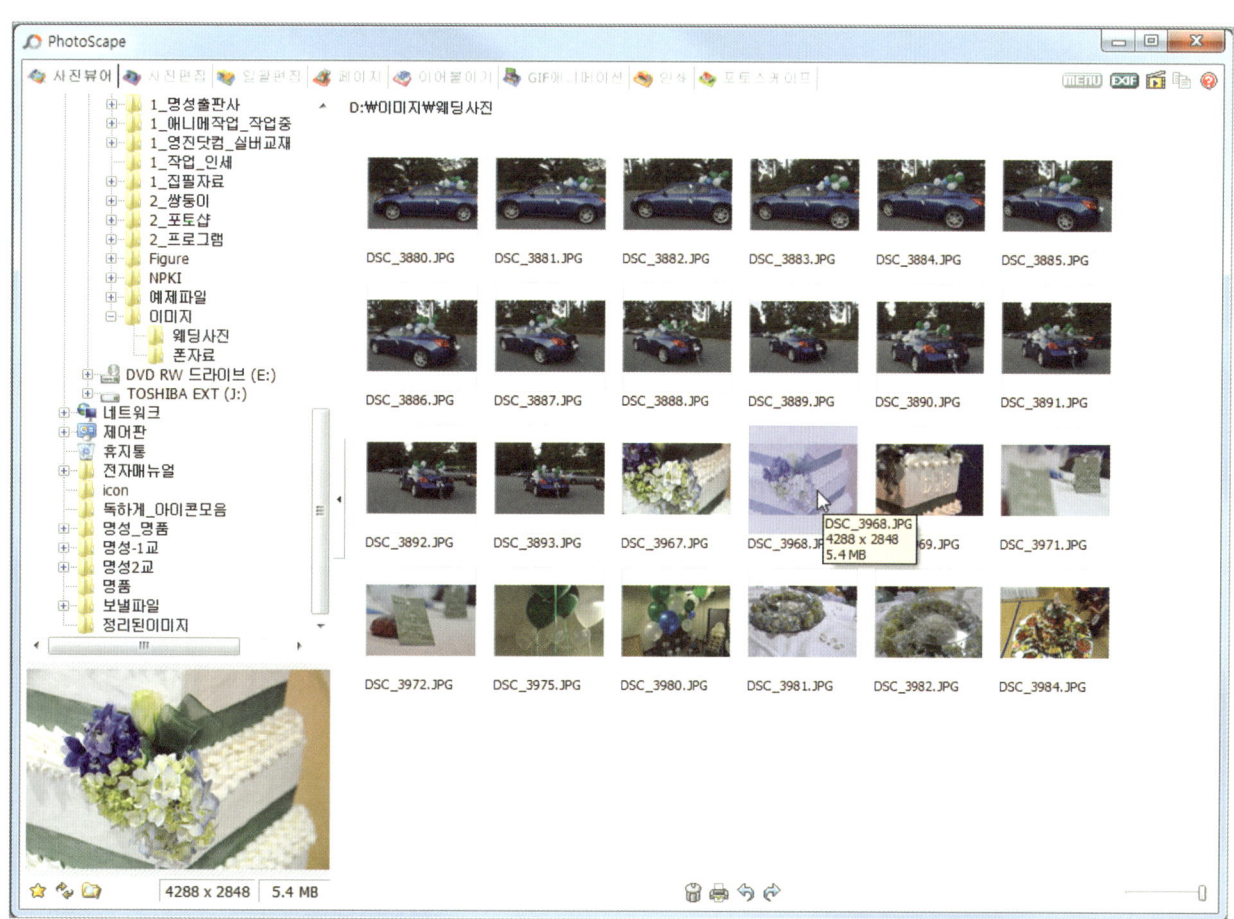

 ## 포토스케이프 실행하고 사진 뷰어 사용하기

01 프로그램을 설치한 후 [시작] 단추( )를 클릭하여 [모든 프로그램]-[포토스케이프]-[포토스케이프]를 차례로 클릭합니다. 포토스케이프 프로그램이 실행되면 메인 화면의 [사진 뷰어]( )를 클릭합니다.

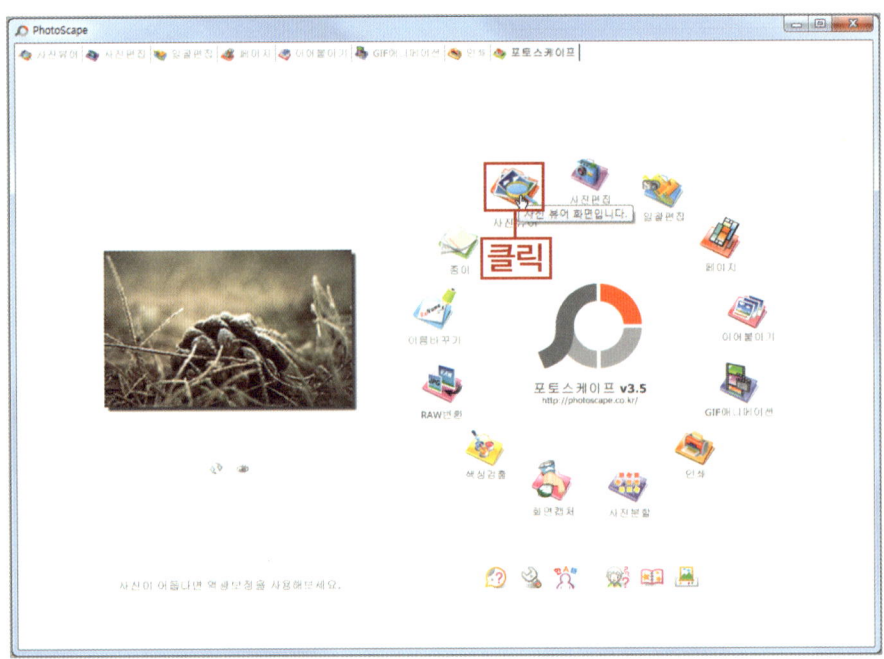

> **TIP** 프로그램은 포털 사이트에서 '포토스케이프'로 검색한 후 다운로드 받아 내 컴퓨터에 설치하도록 합니다.

02 윈도우 탐색기와 비슷한 포토스케이프 사진 뷰어 창이 나타납니다. 왼쪽의 폴더 선택 창에서 이미지가 저장된 폴더를 클릭하면 오른쪽에 폴더에 저장된 이미지의 목록이 나타납니다.

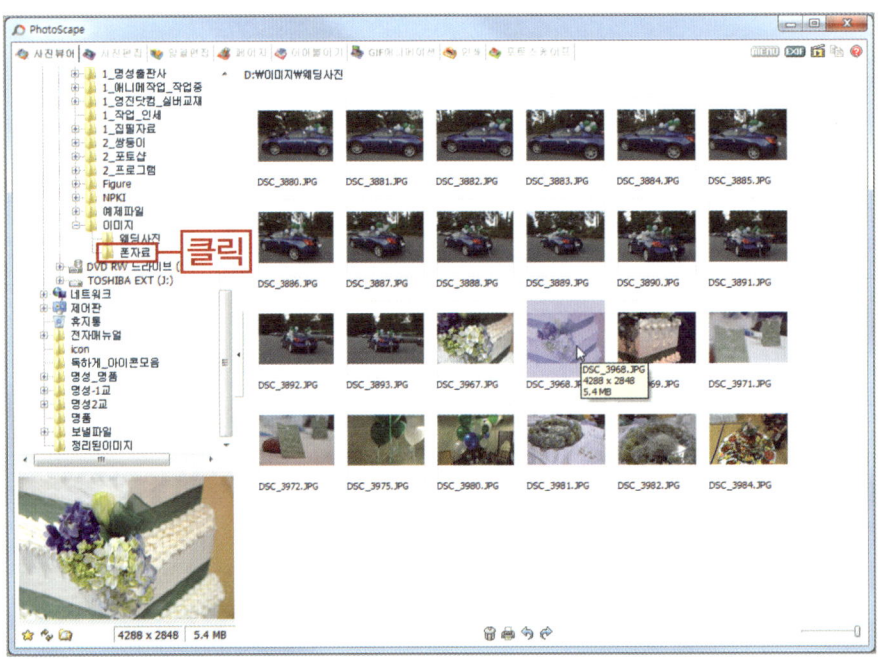

> **TIP** 이미지를 더블클릭하면 모니터 전체 화면으로 이미지를 확대해 볼 수 있고 취소하려면 Esc 를 누릅니다.

Step 2 사진 이름 한꺼번에 변경하기

03 포토스케이프 창의 [일괄 편집] 탭을 클릭하고 왼쪽의 폴더 선택 창에서 원하는 폴더를 선택합니다. 왼쪽 창 하단에 폴더에 포함되어 있는 파일의 목록이 나타나면 모두 선택한 후, 가운데 편집 영역으로 드래그합니다.

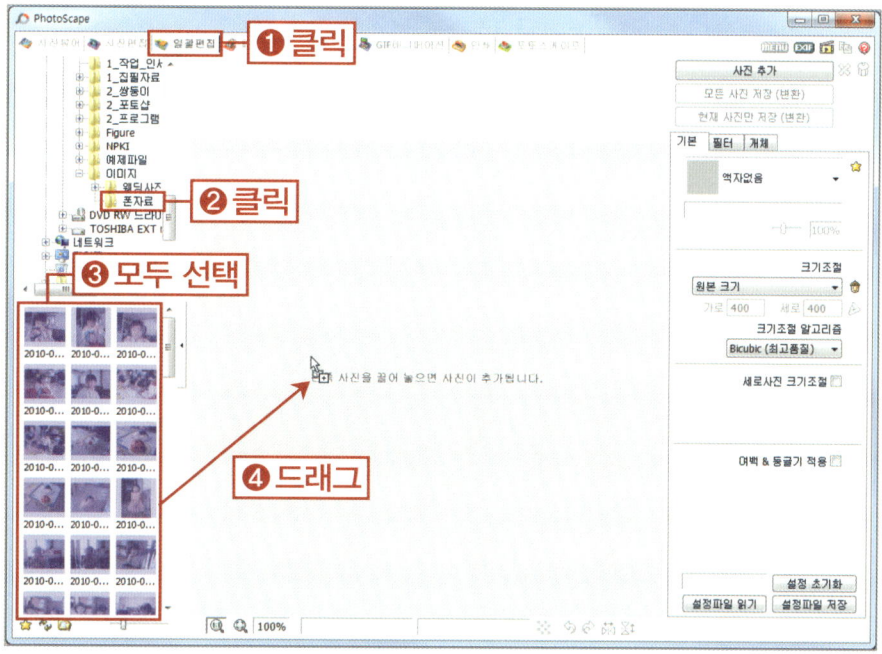

> **TIP** [일괄 편집] 탭의 오른쪽에 있는 [사진 추가] 단추를 클릭하여 편집할 파일을 선택하기도 합니다. 폴더에 있는 모든 파일을 선택할 때는 Ctrl + A 를 누릅니다.

04 선택한 파일이 모두 편집 영역에 들어온 것을 확인한 후 [모든 사진 저장(변환)]을 클릭합니다.

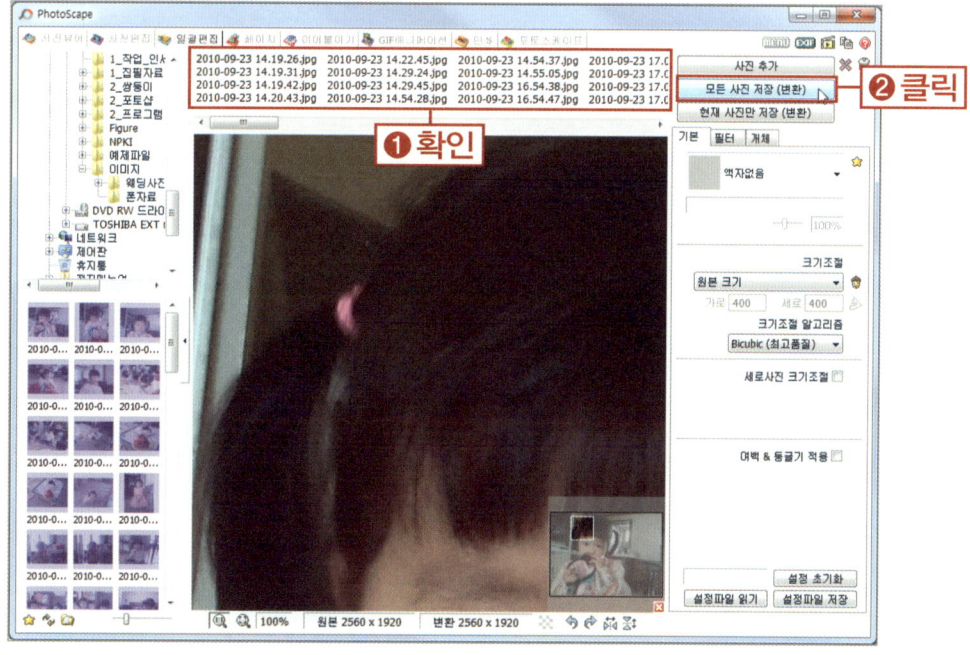

4장. 포토스케이프 실행하고 사진 찾아보기 | 23

05

[저장(변환)하기] 대화상자가 나타나면 저장 위치를 선택한 후, 다음과 같이 파일명과 구분자 등을 지정하고 [저장]을 클릭합니다.

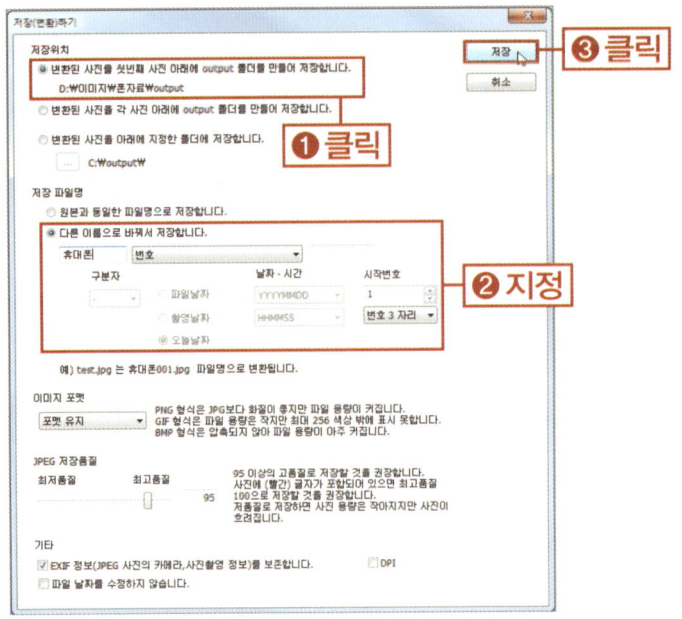

06

지정한 폴더에 파일명이 일괄적으로 변환되어 저장되는 과정이 나타납니다.

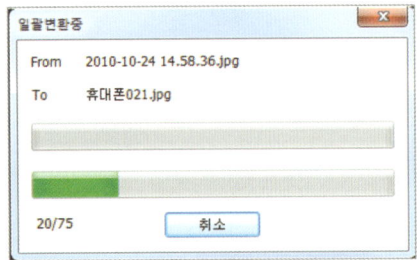

07

윈도우 탐색기를 실행하면 선택한 이미지의 파일명이 한꺼번에 변경되어 새로운 폴더(output 폴더)에 저장된 것을 확인할 수 있습니다.

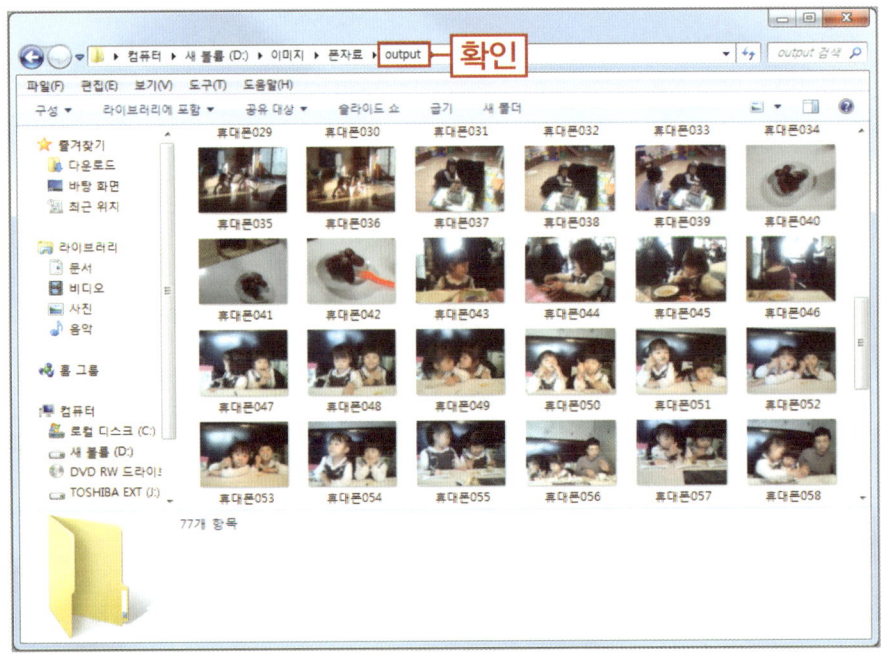

연습문제

01 포토스케이프 프로그램을 실행하고 이미지를 확인한 후 전체 이미지로 확대해 보세요.

02 다음과 같이 파일의 이름을 일괄적으로 'wedding번호' 형식으로 변경해 보세요.

동영상 제작 + 편집

포토스케이프로 사진 편집하기

여러 장의 사진을 한 장의 사진처럼 한꺼번에 내 블로그나 홈페이지에 올리고 싶을 때는 포토스케이프의 사진 이어붙이기를 활용하면 편리합니다. 반대로 한 장의 사진을 여러 개로 분할하는 사진 분할 기능을 사용하여 사진을 편집할 수도 있습니다.

| 이런걸 배워요! | 사진 분할, 사진 이어붙이기

미 리 보 기

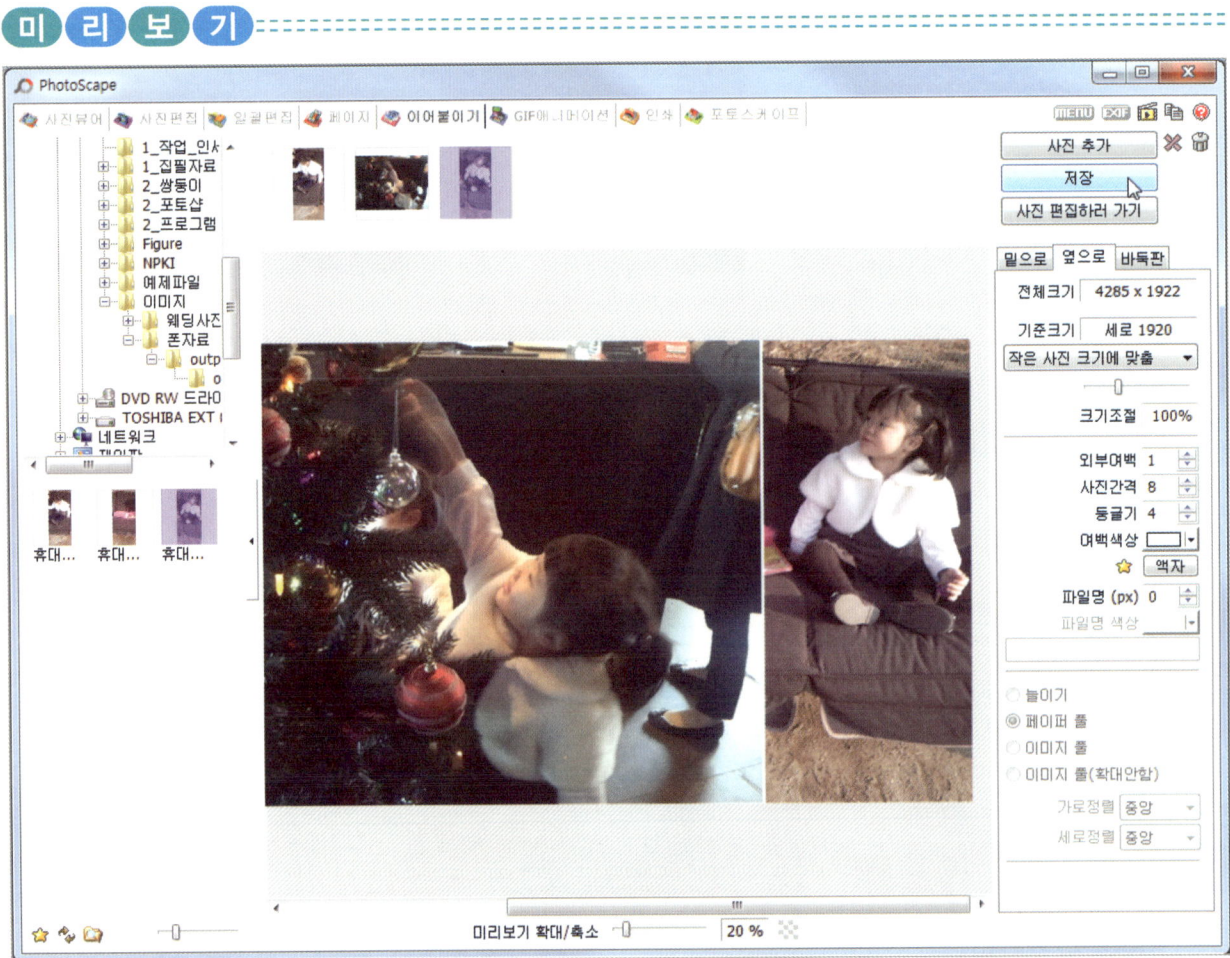

Step 1 사진 분할하기

01 포토스케이프를 실행하고 [사진분할]()을 클릭한 후 [사진분할] 대화상자가 나타나면 [추가]를 클릭합니다.

02 [열기] 대화상자가 나타나면 분할하려는 사진을 선택한 후 [열기]를 클릭합니다.

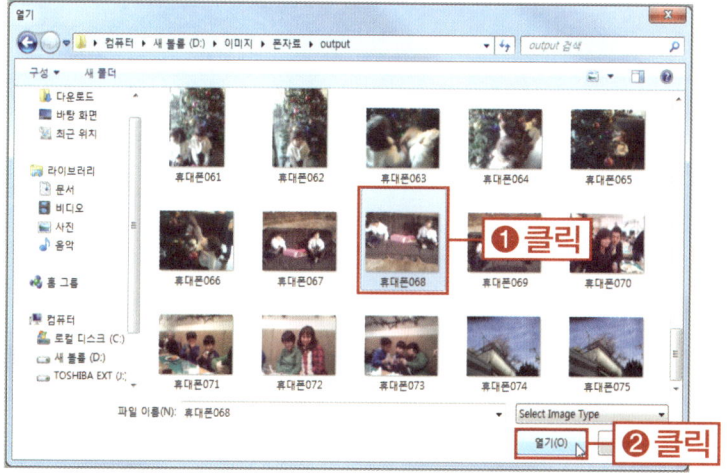

03 다시 [사진분할] 대화상자로 돌아오면 분할할 칸 수와 줄 수를 다음과 같이 지정한 후 [분할]을 클릭합니다

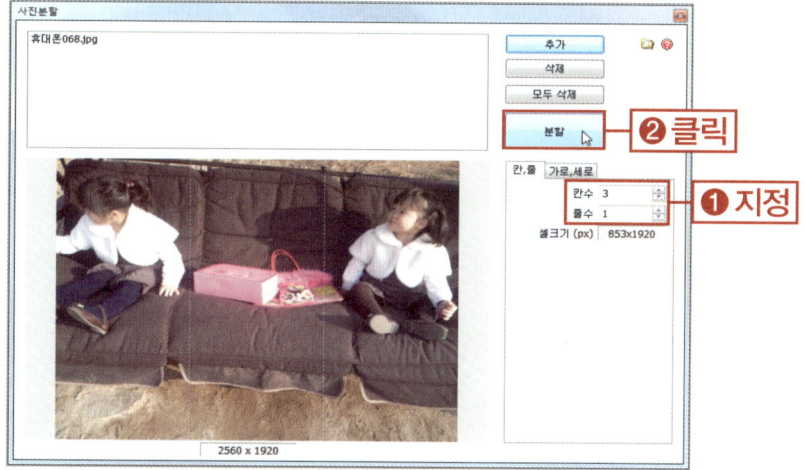

5장. 포토스케이프로 사진 편집하기 | 27

04
[분할] 대화상자가 나타나면 분할한 사진을 저장할 폴더와 저장 품질 등을 지정한 후 [분할]을 클릭합니다. 변환이 완료되면 [확인]을 클릭합니다.

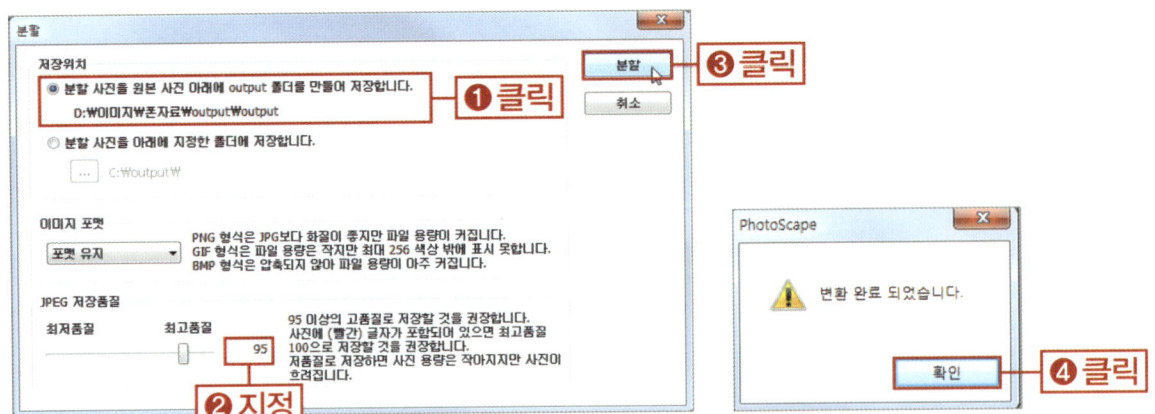

> **TIP** 윈도우 탐색기를 실행한 후 분할된 이미지가 저장된 폴더를 선택하면 포토스케이프에서 지정한 개수로 이미지가 분할된 것을 확인할 수 있습니다.

Step 2 사진 이어붙이기

05
포토스케이프의 [이어붙이기] 탭을 클릭하고 앞에서 분할한 이미지 중 하나를 편집 영역으로 드래그합니다.

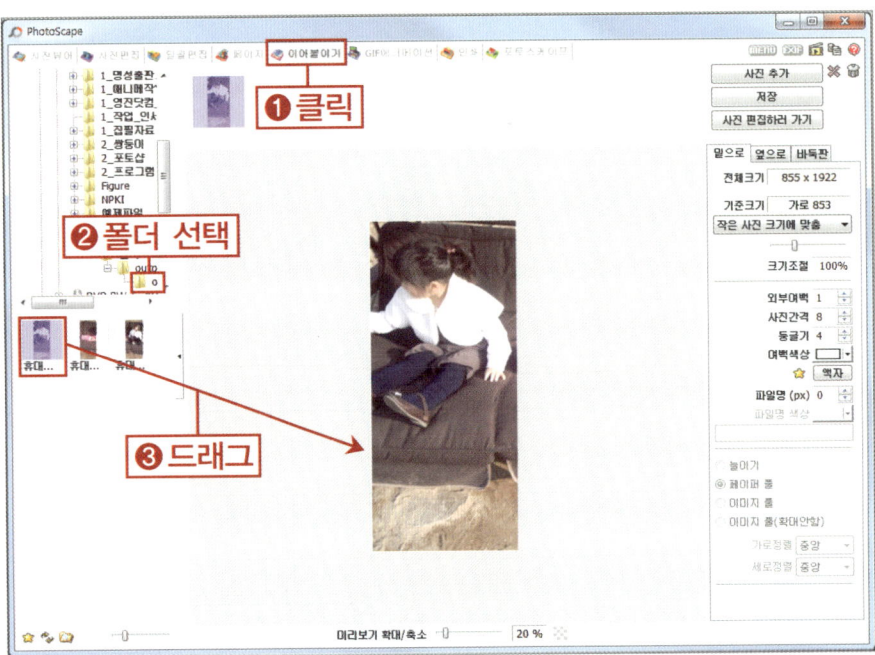

06 이번에는 이어붙일 이미지가 있는 폴더를 선택한 후 이미지를 편집 영역으로 드래그합니다. 오른쪽 영역에서 이어붙이기 옵션을 [옆으로]로 지정합니다.

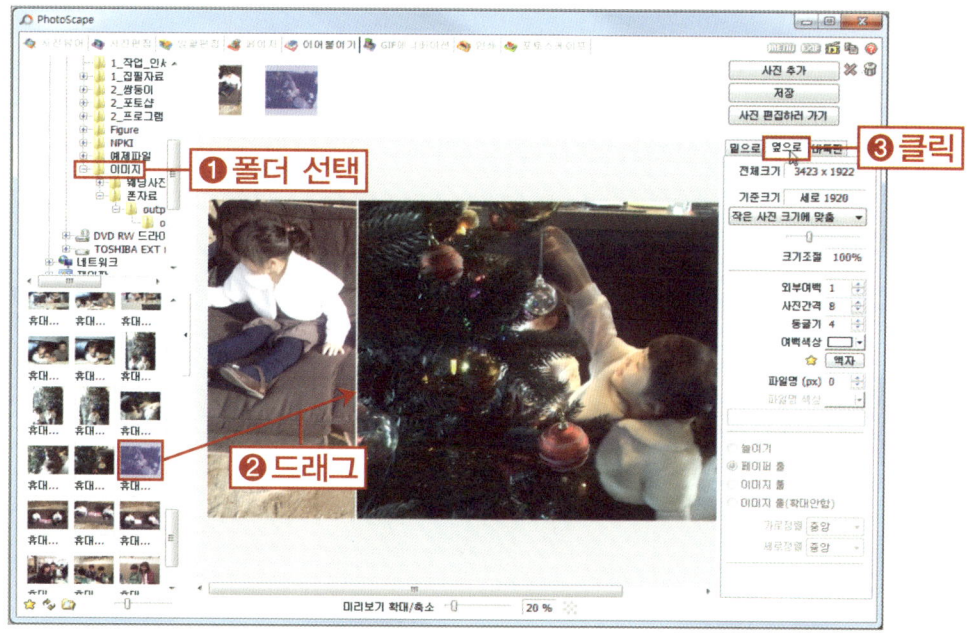

07 다시 분할된 이미지가 있는 폴더를 선택하고 그 중 하나를 편집 영역으로 드래그하여 세 개의 이미지를 이어붙인 후 [저장]을 클릭합니다. [다른 이름으로 저장] 대화상자가 나타나면 파일 이름을 지정하고 [저장]을 클릭합니다.

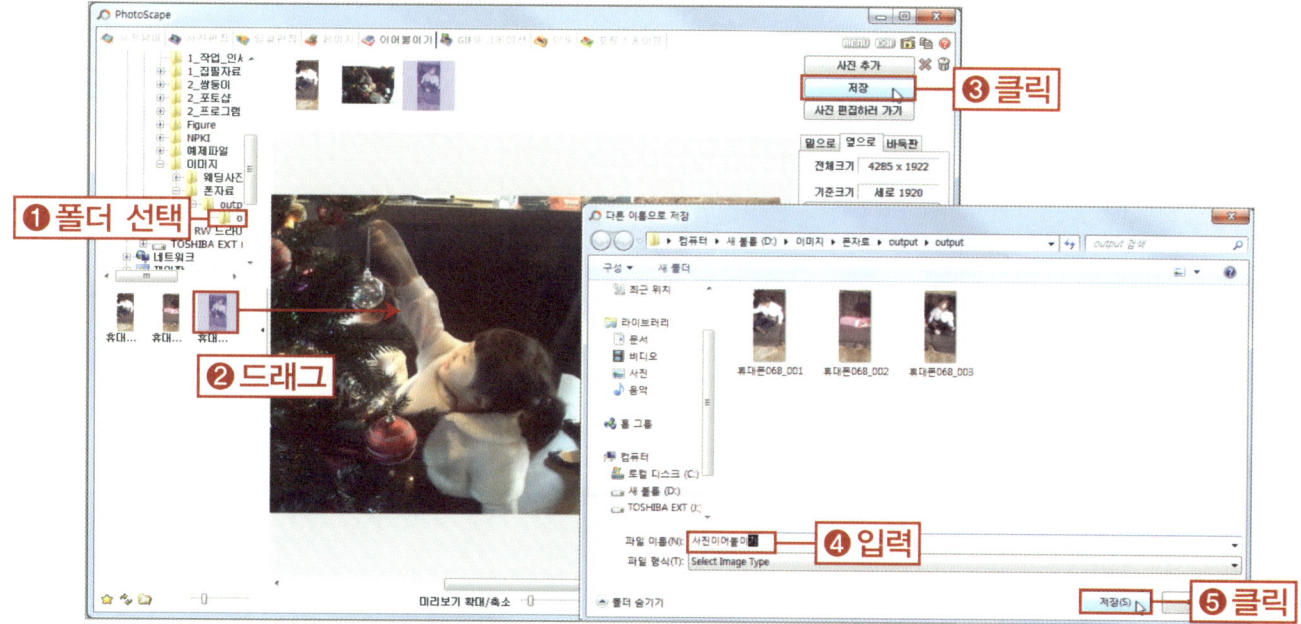

08 이어붙인 이미지의 저장 품질을 지정한 후 [확인]을 클릭하면 여러 개의 사진이 하나의 파일로 저장됩니다. 윈도우 탐색기를 실행하여 이어진 사진을 확인하도록 합니다.

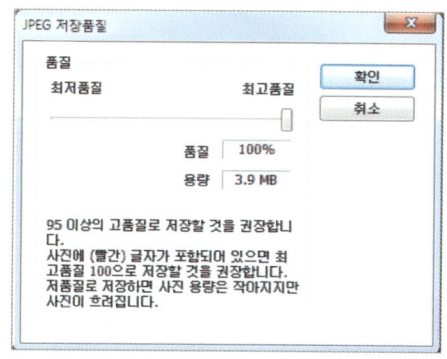

연습문제

01 이미지 파일을 포토스케이프로 불러온 후 4×4개의 이미지로 분할해 보세요.

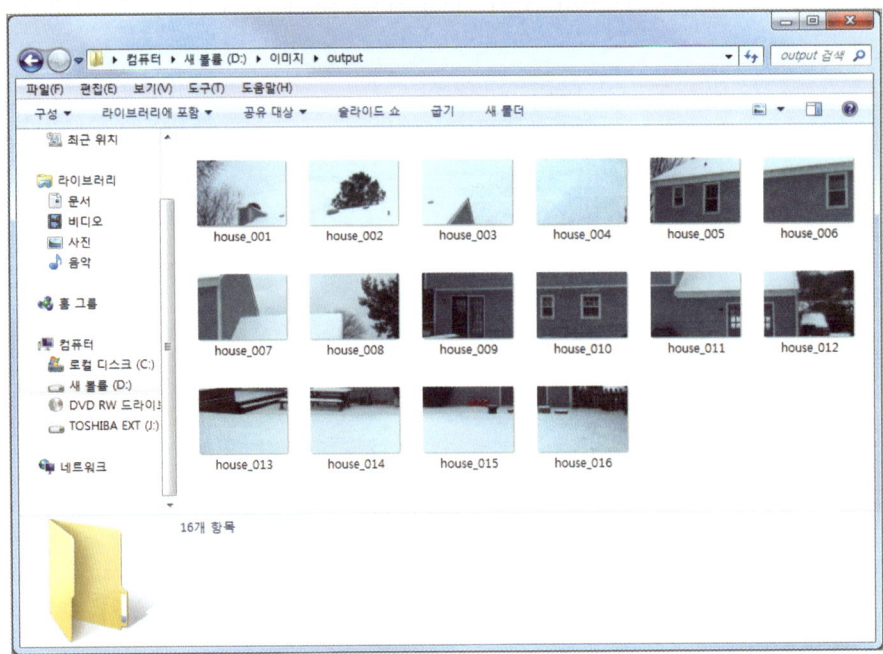

02 여러 가지 꽃 사진을 이용하여 다음과 같이 이미지 이어붙이기를 완성해 보세요.

동영상 제작 + 편집

포토스케이프로 사진 꾸미기

디카나 휴대폰으로 찍은 사진을 컴퓨터로 옮겼을 때 밝기나 색상이 마음에 들지 않을 때가 많습니다. 윈도우 무비 메이커를 이용해 동영상을 제작하거나 블로그에 사진을 올리기 전에 포토스케이프를 이용하여 사진을 보정해 보도록 합니다.

| 이런걸 배워요! | 밝기와 색상 조절, 필터

미리보기

 밝기와 색상 조정하기

01 포토스케이프를 실행한 후 [사진편집] 탭을 클릭하고 보정을 위한 사진을 편집 화면으로 불러옵니다. 사진 보정 메뉴에서 [밝기,색상]의 화살표를 클릭하여 [밝게]의 [강]을 선택합니다.

02 사진의 밝기와 색상이 변경되면 다시 [밝기,색상]의 화살표를 클릭하여 [색상강조]를 선택합니다. 계속해서 [자동 콘트라스트]의 화살표를 클릭하여 [강]을 선택합니다.

Step 2 필터와 뽀샤시 효과 주기

03 사진을 밝고 뽀샤시하게 보정해 주기 위해 [뽀샤시]의 화살표를 클릭하여 [강]을 선택합니다.

04 사진이 좀 더 화사하고 밝게 변한 것을 확인할 수 있습니다. 이번에는 [필터]의 화살표를 클릭하여 [비네팅]의 [#1]을 선택합니다.

> **TIP** 필터(Filter)는 사진에 특별한 효과나 왜곡 현상을 지정할 때 사용됩니다. '비네팅' 필터가 적용되면 사진 주위가 검게 가려지는 효과가 나타납니다.

05 이번에는 [필터]의 화살표를 클릭하여 [빛]을 선택합니다. [빛] 대화상자가 나타나면 '빛' 필터가 적용될 위치와 개수, 길이 등을 지정한 후 [확인]을 클릭합니다.

06 사진에 원하는 필터 효과를 모두 적용했다면 이번에는 [크기조절]의 화살표를 클릭하여 [긴축 줄이기 : 550px(네이버블로그-소)]를 선택합니다. 사진의 크기가 알맞게 조절됩니다.

TIP 크기 조절 목록에서 싸이월드나 다음, 네이버, 이글루스 등을 선택하여 자신이 가입한 블로그에 맞는 이미지 크기를 선택할 수 있습니다.

07 사진의 크기를 조절했다면 액자의 화살표(▼)를 클릭하여 [필름 02]를 선택합니다. 사진의 위, 아래에 필름 모양의 액자가 적용됩니다.

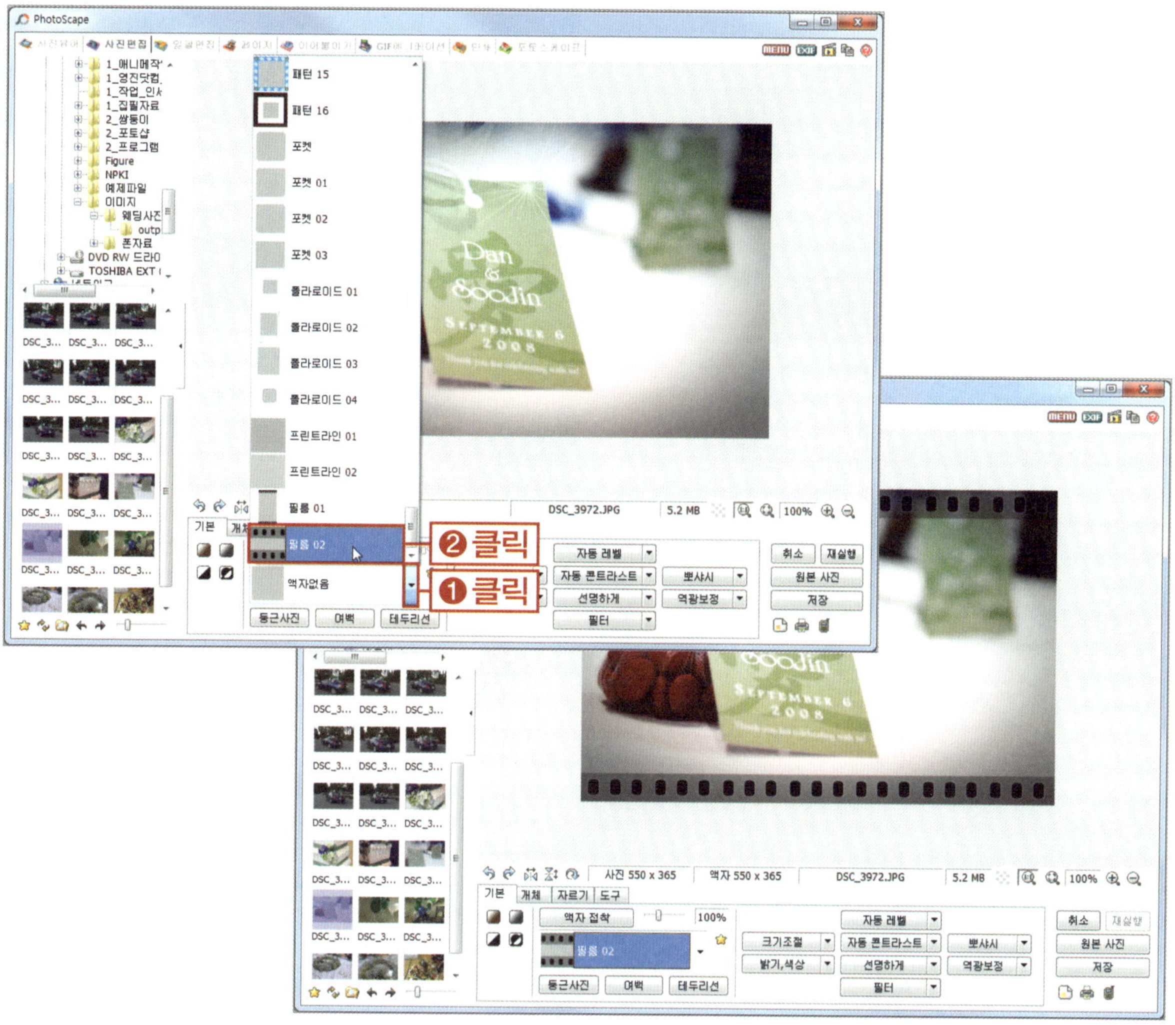

08 완성된 사진은 [저장]을 클릭하여 저장합니다. [저장] 대화상자가 나타나면 [다른 이름으로 저장]을 클릭하여 원하는 폴더에 따로 저장하도록 합니다.

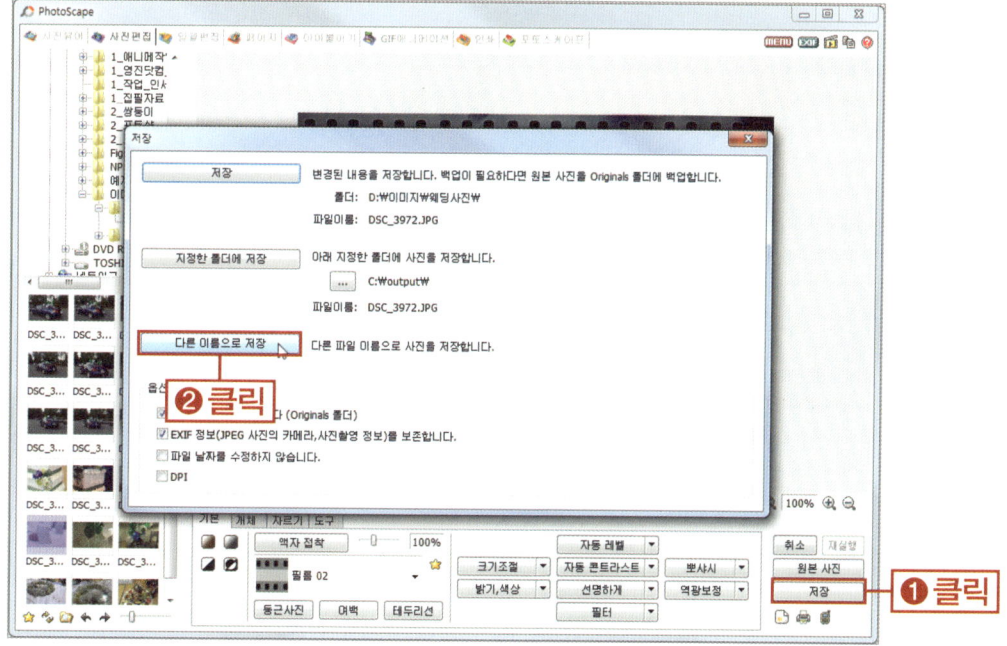

6장. 포토스케이프로 사진 꾸미기 | 35

연습문제

01 [사진편집] 기능을 사용하여 다음과 같이 사진을 보정해 보세요.

- 밝기 : 강 | 자동 콘트라스트 : 강 | 선명하게 : 13 | 크기조절 : 740px(네이버 블로그-대)

02 [사진편집]의 뽀샤시 기능과 필터 기능으로 다음과 같이 사진을 꾸며보세요.

- 뽀샤시 : 강 | 필터 : 영화 - 강 | 필터 : 원형 필터(아웃 포커싱) - 레벨 : 4.7 | 크기 : 75%

동영상 제작 + 편집

GIF 애니메이션 제작하기

포토스케이프를 사용하면 간단하게 GIF 애니메이션을 제작할 수 있습니다. GIF 애니메이션은 여러 장의 사진을 연결하여 애니메이션처럼 움직이는 효과를 지정해 주는 것입니다. 내 블로그나 홈페이지에 올릴 GIF 애니메이션을 만드는 방법에 대해 알아봅니다.

┃ 이런걸 배워요! ┃ GIF 애니메이션

미 리 보 기

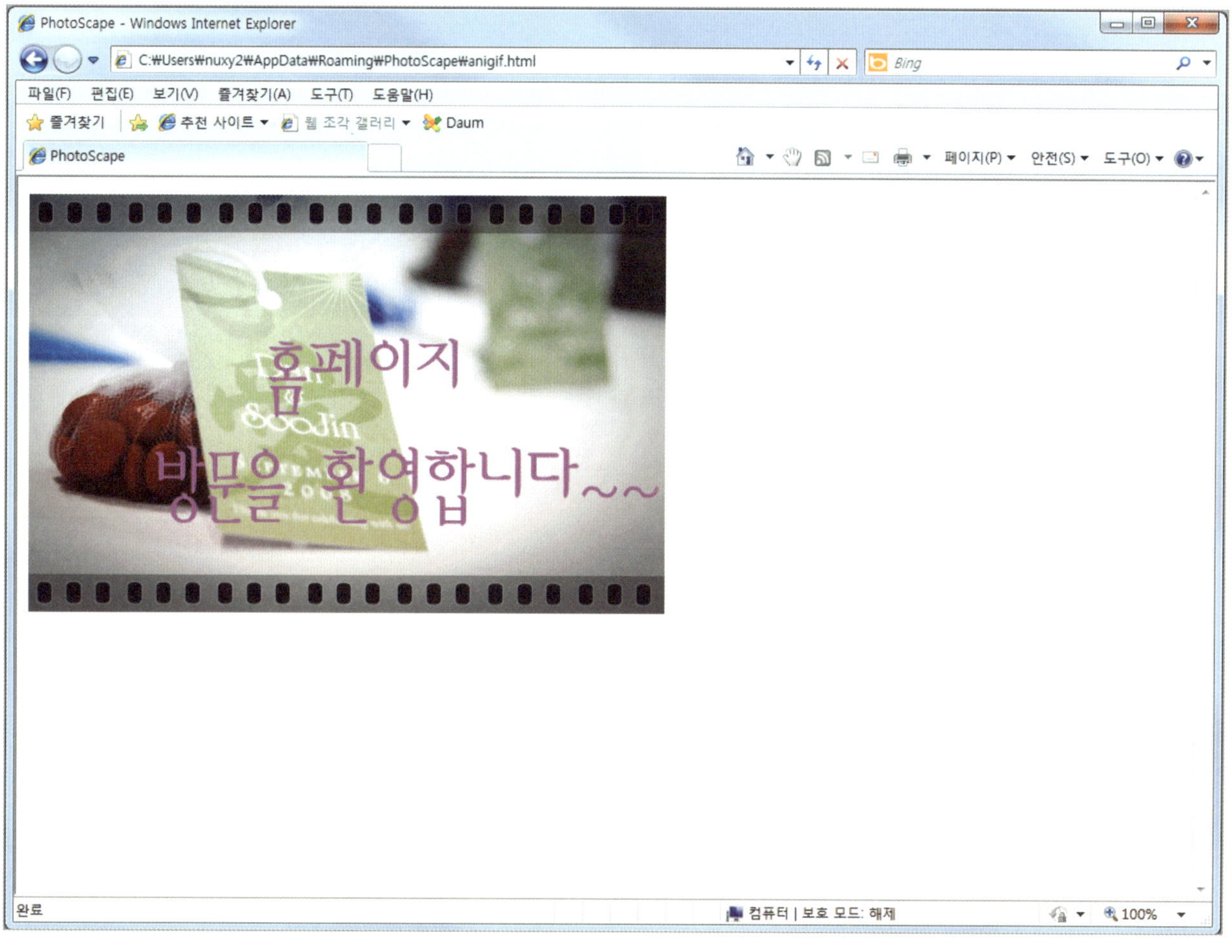

GIF 제작을 위한 사진 추가하기

01 포토스케이프를 실행하고 [GIF 애니메이션] 탭을 클릭합니다. 왼쪽의 폴더 탐색 창에서 애니메이션에 사용할 이미지를 모두 편집 영역으로 드래그합니다.

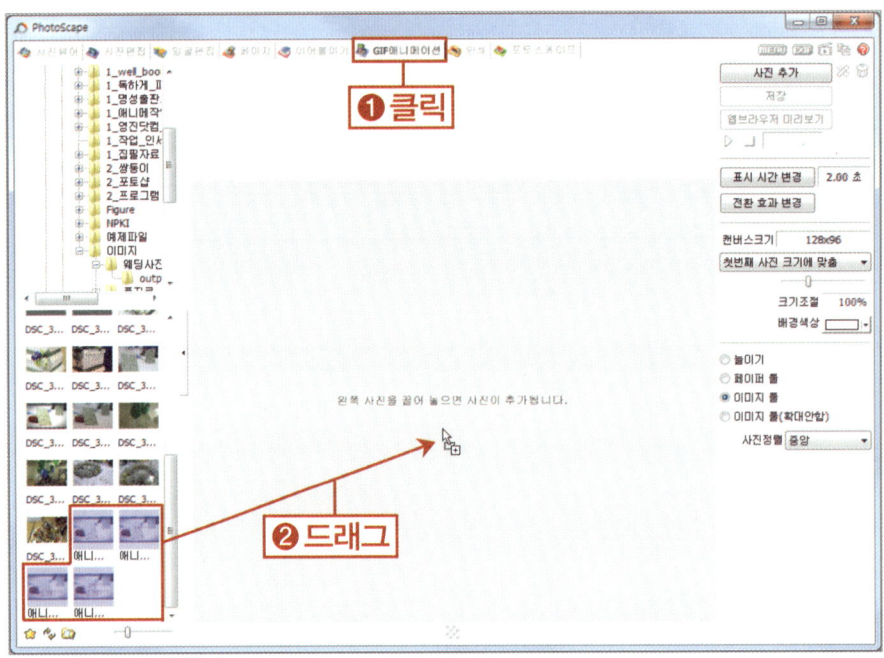

02 여러 개의 이미지를 드래그하는 것과 동시에 GIF 애니메이션이 완성됩니다. 화면 오른쪽의 [재생](▶)이 클릭된 상태이며 일정 시간 간격으로 이미지가 바뀌게 됩니다. [표시 시간 변경]을 클릭하여 대화상자가 나타나면 사진 하나의 표시 시간을 3초로 변경하기 위해 '표시시간'에 '300'을 입력한 후 [확인]을 클릭합니다.

TIP 화면의 [표시 시간 변경]을 클릭하면 다음 사진으로 넘어가기까지의 시간을 변경할 수 있습니다.

 **전환 효과 지정하고 저장하기**

03 파일을 현재 작업 영역에 추가할 때는 추가하려는 위치에서 [사진 추가]를 클릭하여 [선택 위치에 사진 삽입]을 선택합니다. [열기] 대화상자가 나타나면 추가하려는 사진을 선택한 후 [열기]를 클릭합니다.

04 선택한 파일이 새롭게 추가되면 [전환 효과 변경]을 클릭하여 [왼쪽으로 전환]을 선택합니다.

05 GIF 애니메이션에 오른쪽에서 왼쪽으로 이동하는 전환 효과가 적용됩니다. GIF 애니메이션을 웹브라우저를 통해 미리 보기 위해 [웹브라우저 미리보기]를 클릭합니다.

06 웹브라우저 창이 자동으로 실행되며 GIF 애니메이션의 재생을 브라우저에서 직접 확인할 수 있습니다.

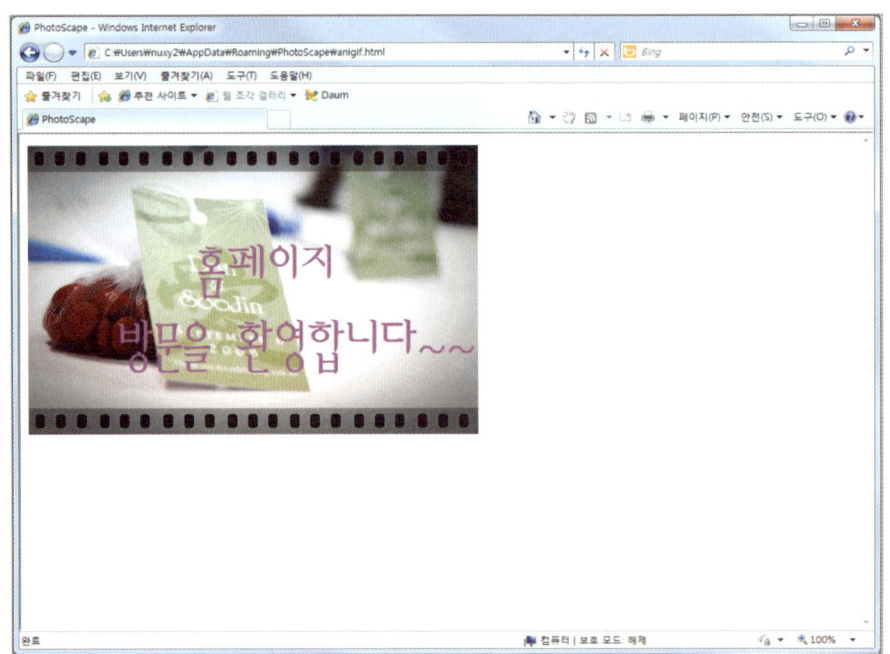

07 웹브라우저를 통해 애니메이션을 미리 확인했다면 포토스케이프의 [저장]을 클릭하여 GIF 애니메이션을 저장합니다.

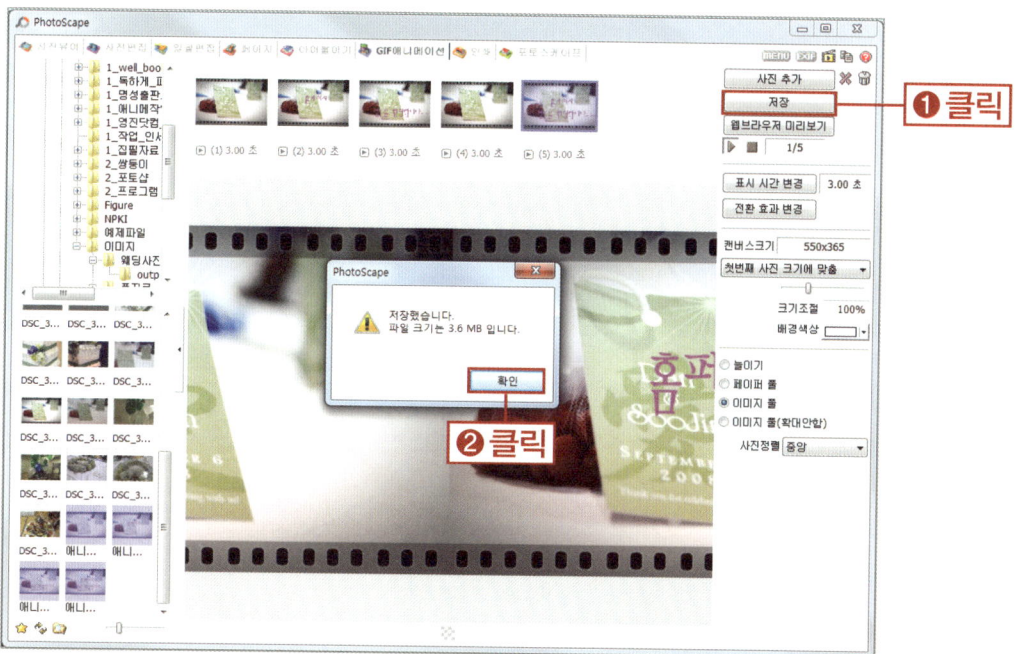

연습문제

01 여러 사진 파일을 사용하여 0.5초 간격의 GIF 애니메이션을 만들고 웹브라우저로 확인해 보세요.

02 다음과 같은 4개 이미지를 사용하여 3초 간격으로 '오른쪽으로 전환' 효과를 지정한 GIF 애니메이션을 만들어 보세요.

동영상 제작 + 편집

08장 윈도우 무비 메이커 시작하기

앞에서는 여러 장치에서 사진을 내 컴퓨터로 전송하고 편집하는 과정에 대해 알아봤다면 이제부터는 윈도우 무비 메이커를 사용하여 동영상을 제작하는 과정에 대해 알아봅니다. 윈도우 무비 메이커에 사진을 추가하고 추가된 사진을 다양하게 편집하는 방법을 알아봅니다.

│ 이런걸 배워요! │ 사진 클립 추가, 클립 이동

미리보기

Step 1 무비 메이커에 사진 클립 추가하기

01 윈도우 무비 메이커를 실행한 후 화면 오른쪽의 '비디오 및 사진을 찾아 보려면 여기를 클릭하세요.' 를 클릭합니다.

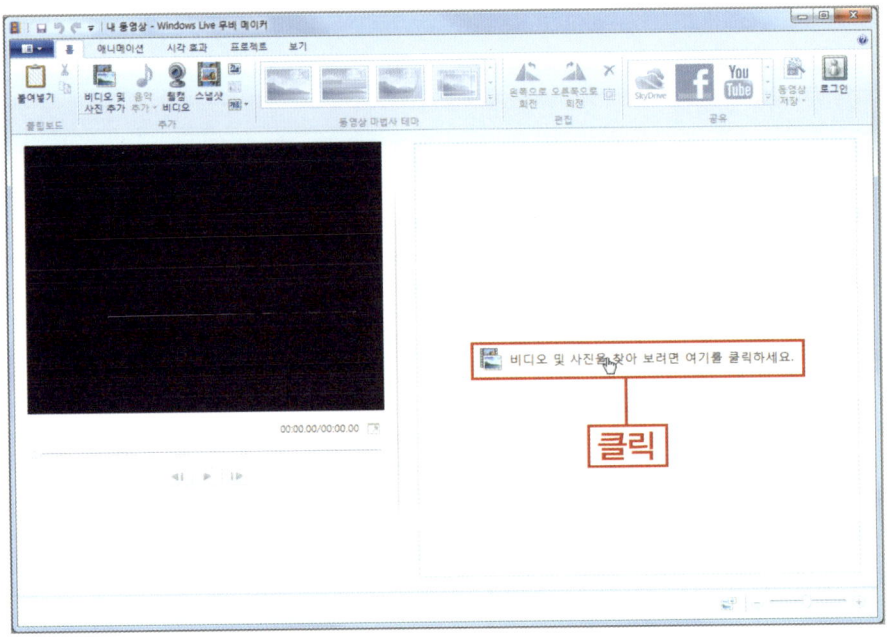

> **TIP** [홈] 탭의 [추가] 그룹에서 [비디오 및 사진 추가](📷)를 클릭해도 사진 및 비디오를 추가할 수 있습니다.
> 클립이란 동영상을 만들기 위해 무비 메이커에 추가할 수 있는 사진과 동영상 자료를 말합니다.

02 [비디오 및 사진 추가] 대화상자가 나타나면 추가하려는 사진을 모두 선택한 후 [열기]를 클릭합니다. 무비 메이커 창의 오른쪽에 선택한 사진이 나열됩니다.

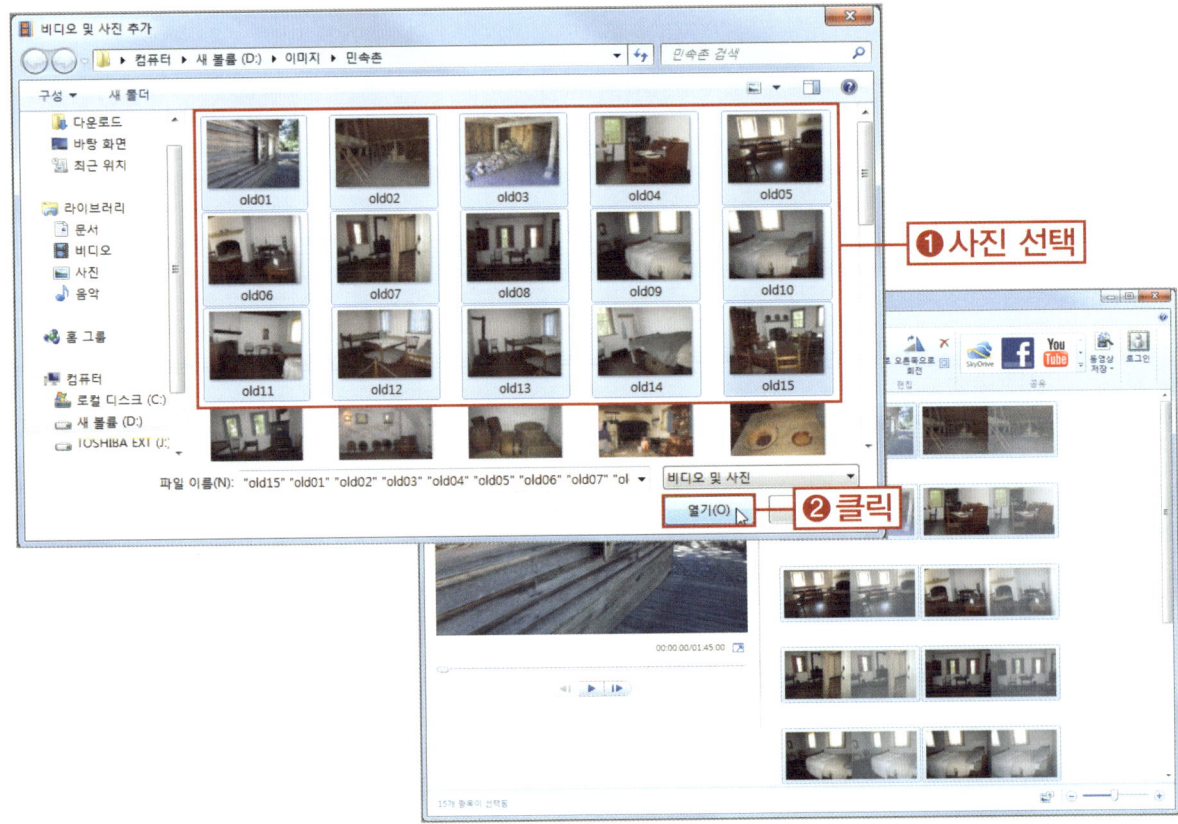

03 무비 메이커 창의 오른쪽에 나열되는 사진의 미리 보기 크기를 조절할 때는 창의 오른쪽 하단에 있는 [미리 보기 크기 변경](🖼)을 클릭한 후 목록에서 원하는 크기의 아이콘을 선택합니다.

Step 2 추가한 클립 편집하기

04 무비 메이커에 추가한 사진 클립을 복사하거나 이동시켜 사용할 수 있습니다. 사진 클립을 여러 개 선택한 후 [홈] 탭의 [클립보드] 그룹에서 [잘라내기](✂)를 클릭합니다.

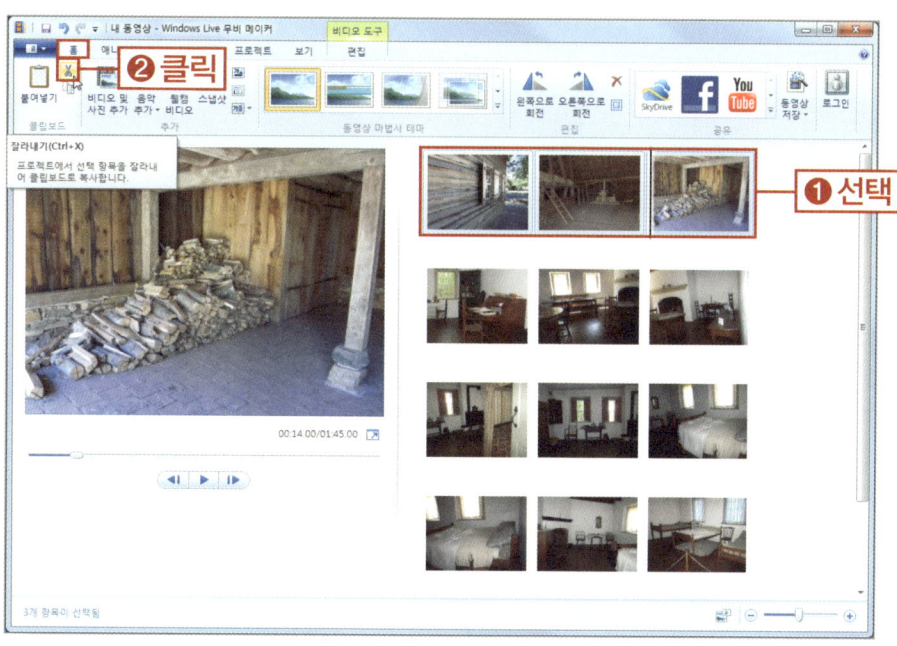

05 이동시킬 위치를 클릭한 후 [홈] 탭의 [클립보드] 그룹에서 [붙여넣기](📋)를 클릭하면 커서 위치로 선택하여 잘라냈던 사진이 이동됩니다.

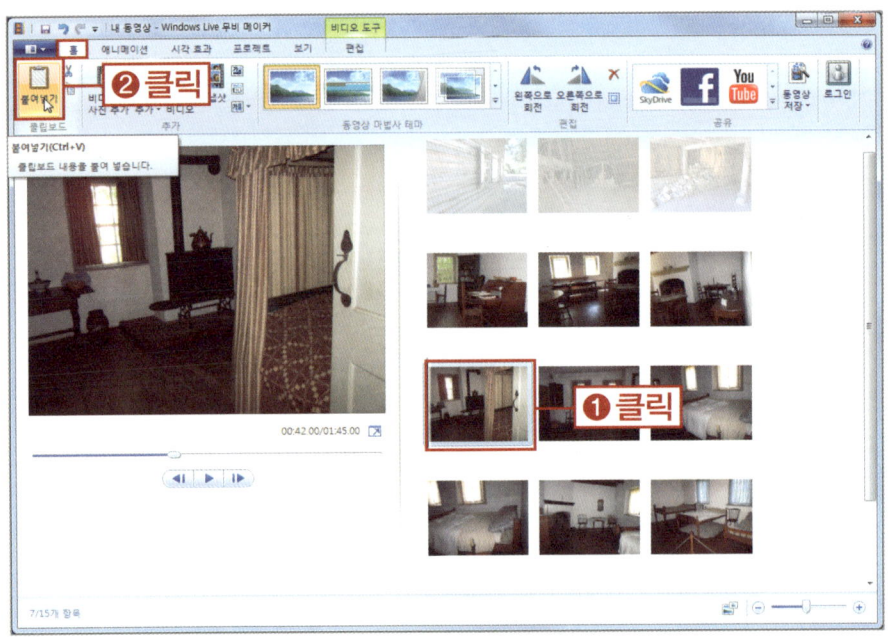

06 윈도우 무비 메이커 창 왼쪽의 [재생](▶) 단추를 클릭하면 간단한 동영상이 재생됩니다.

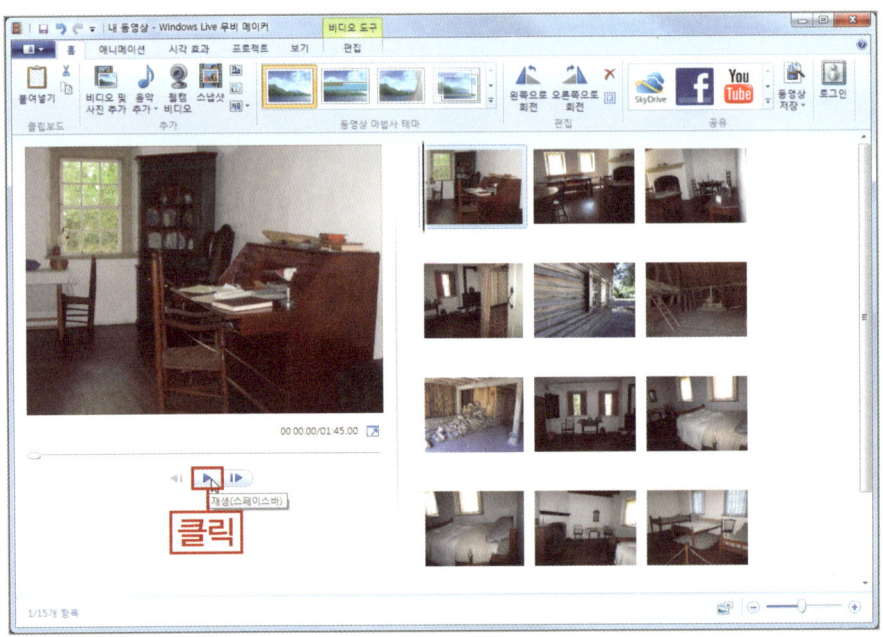

> **TIP** 윈도우 무비 메이커 하단의 [시간 간격 확대 축소](⊖━━━⊕)는 추가한 사진이나 동영상의 시간 간격을 축소하거나 확대시켜 작업을 편리하게 도와줍니다.
>
>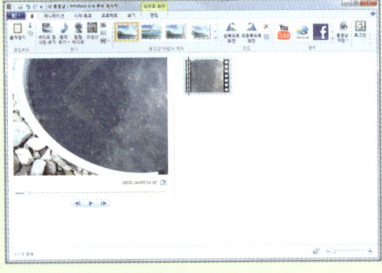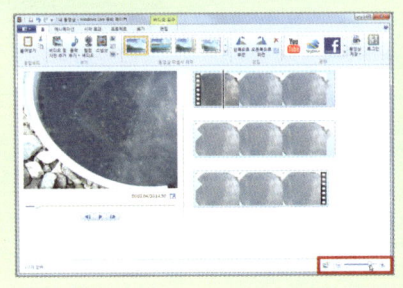

연습문제

01 간단한 동영상 제작에 사용할 사진 파일을 무비 메이커에 추가해 보세요.

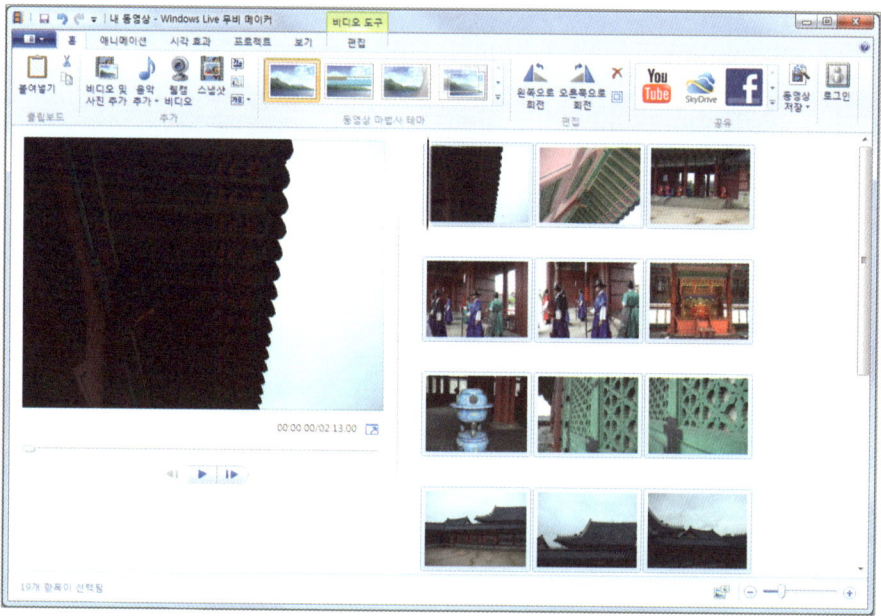

02 간단한 동영상 제작에 사용할 사진 파일을 무비 메이커에 추가한 후, 위치를 변경하고 사진 클립을 복사해 보세요.

동영상 제작 + 편집

09장 프로젝트 저장하고 불러오기

무비 메이커에 사진이나 동영상을 추가한 후 저장할 때는 프로젝트 파일로 저장해야 합니다. 프로젝트 파일 형식으로 저장해야 언제든 파일을 불러와 클립을 추가하고 수정할 수 있기 때문입니다. 앞에서 간단하게 제작한 동영상을 프로젝트 파일 형식으로 저장해 보도록 합니다.

| 이런걸 배워요! | 프로젝트 저장, 프로젝트 열기, 새 프로젝트

미리보기

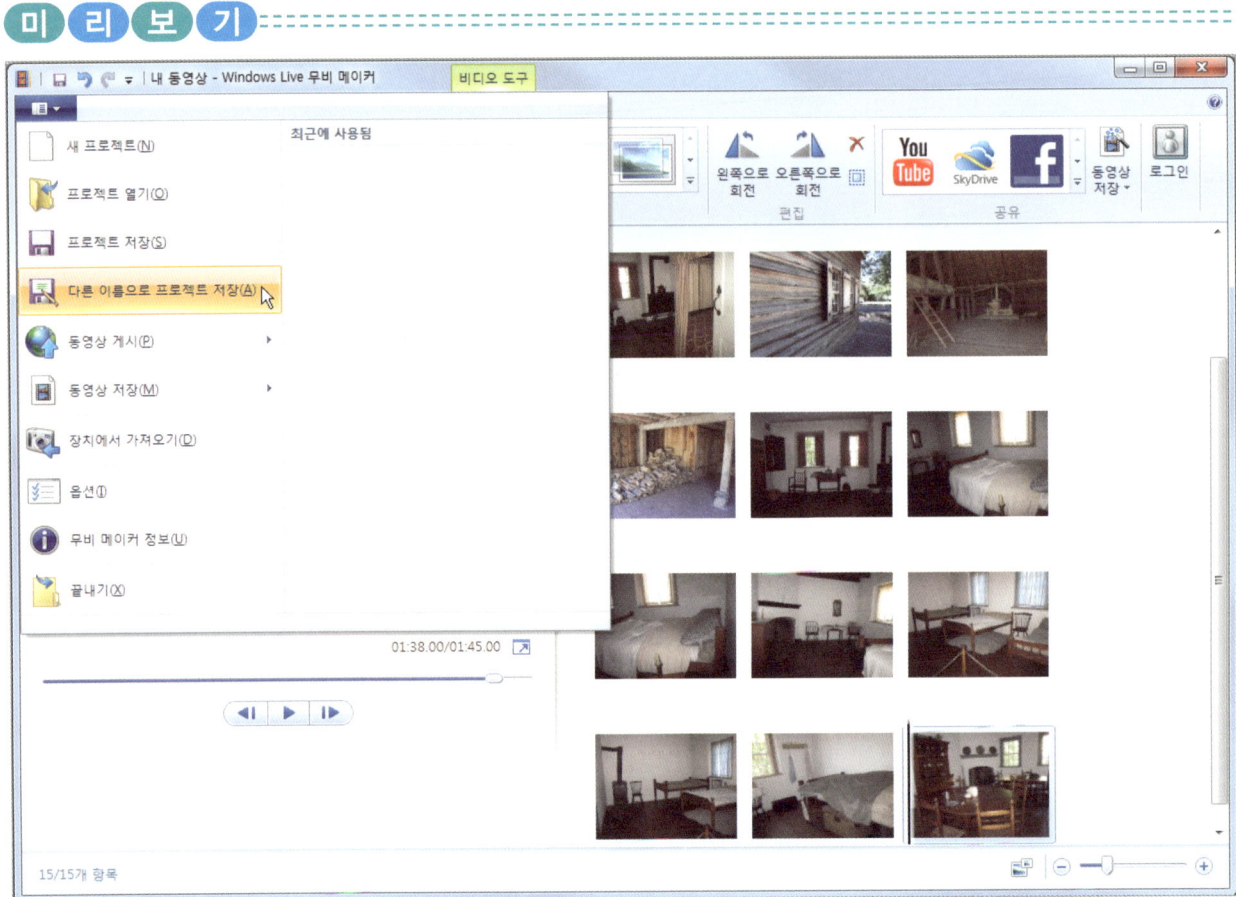

프로젝트 저장하기

01 앞에서 작업한 동영상을 저장하기 위해 무비 메이커의 ▦▾를 클릭한 후 [다른 이름으로 프로젝트 저장]을 클릭합니다. [프로젝트 저장] 대화상자가 나타나면 저장할 폴더를 선택한 후 '파일 이름'을 '미국_민속촌'이라고 입력하고 [저장]을 클릭합니다.

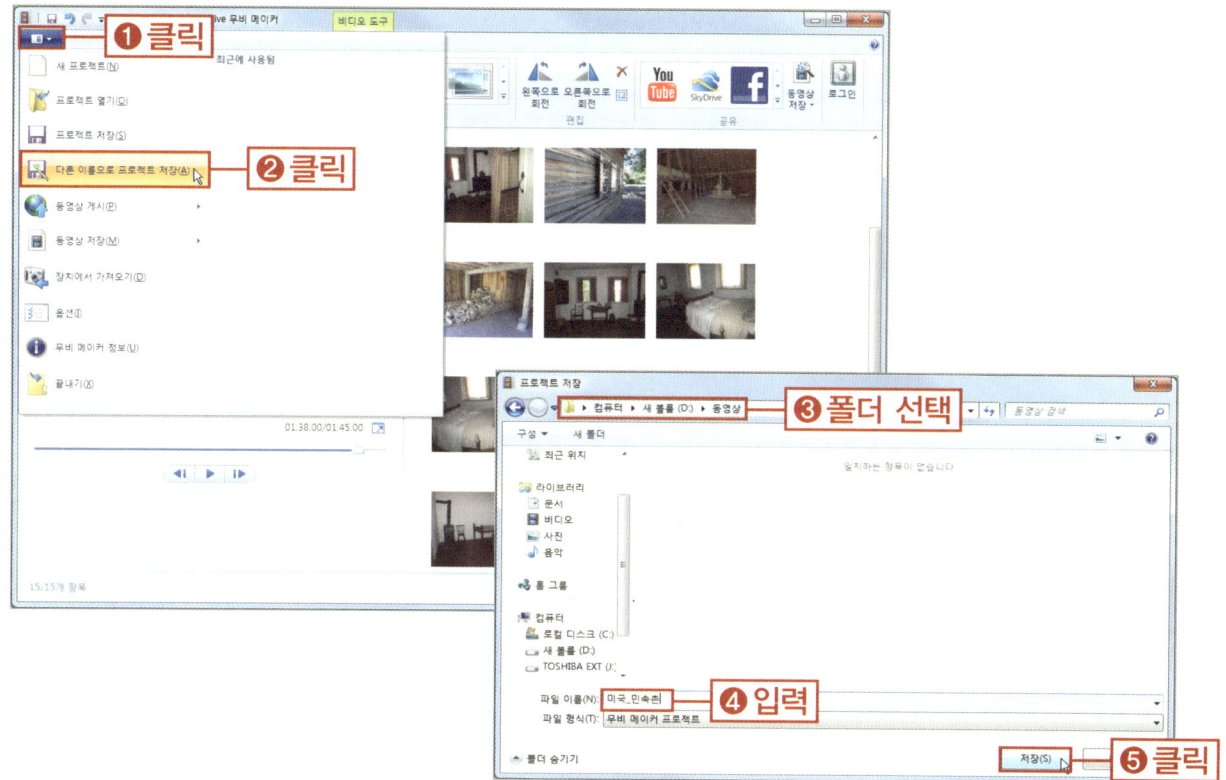

02 무비 메이커 작업 창으로 돌아오면 제목 표시줄에 지정한 파일의 이름이 표시되는 것을 확인할 수 있습니다.

TIP 무비 메이커의 프로젝트 파일의 형식은 '*.wlmp'입니다.

 **프로젝트 불러오고 끝내기**

03 현재 열려있는 파일을 닫거나, 새로운 프로젝트를 시작하고 싶을 때는 를 클릭한 후 [새 프로젝트]를 클릭합니다.

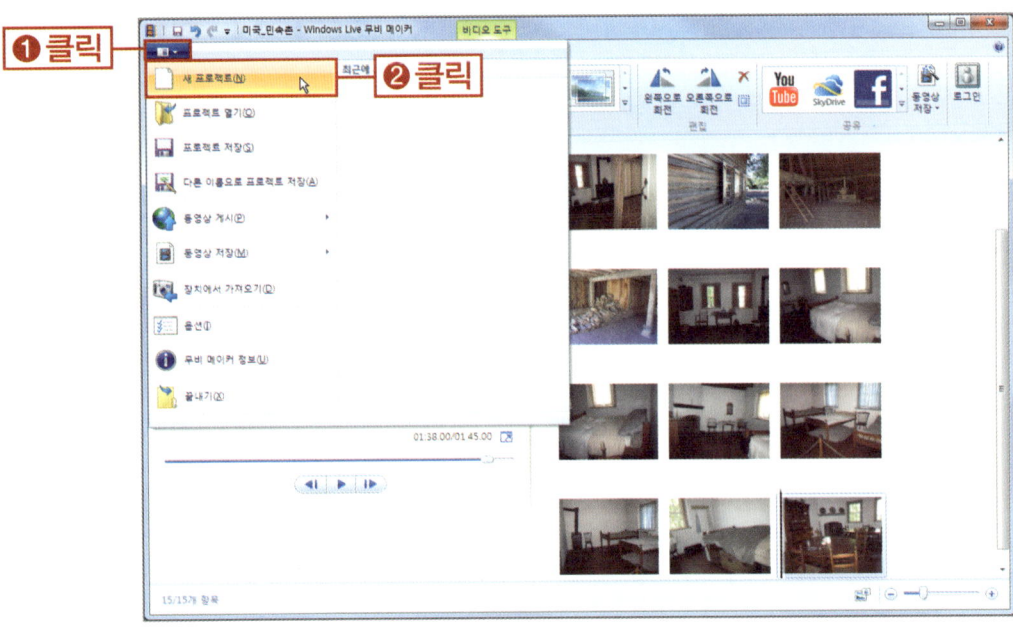

04 저장된 프로젝트 파일을 불러올 때는 를 클릭한 후 [프로젝트 열기]를 클릭합니다.

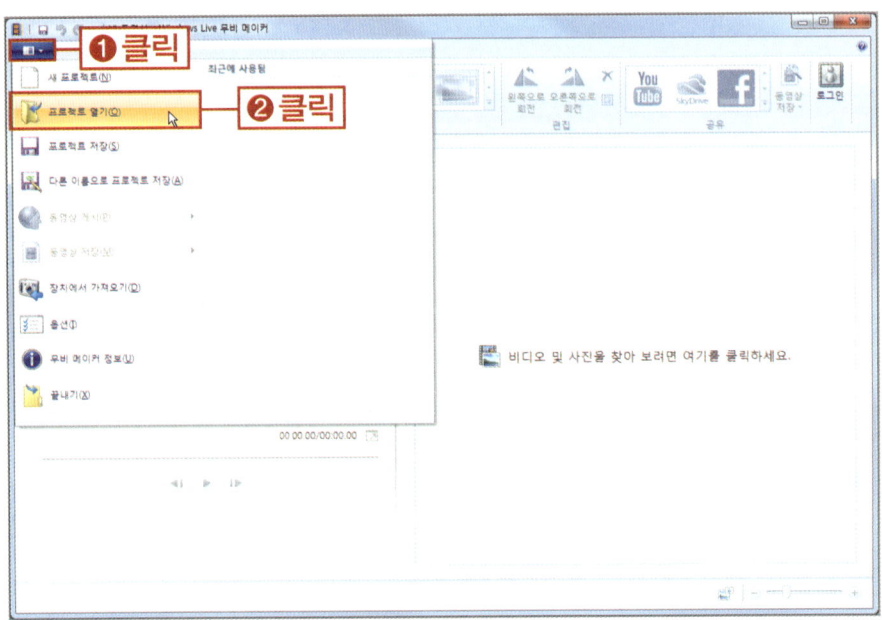

TIP 를 클릭했을 때 [최근에 사용됨] 목록에는 최근에 불러온 파일들이 차례로 표시됩니다. 이 중 하나를 선택하면 [프로젝트 열기] 대화상자에서 파일을 찾지 않아도 곧바로 해당 파일을 열 수 있습니다.

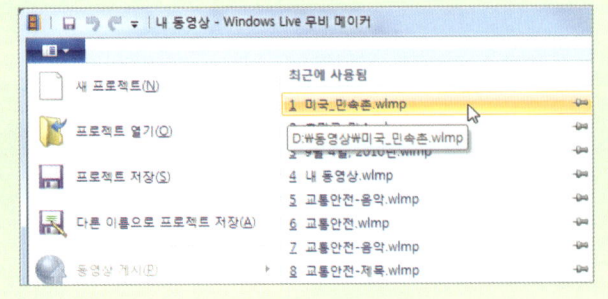

05 [프로젝트 열기] 대화상자가 나타나면 프로젝트 파일이 저장된 폴더를 찾아 파일을 선택한 후 [열기]를 클릭합니다.

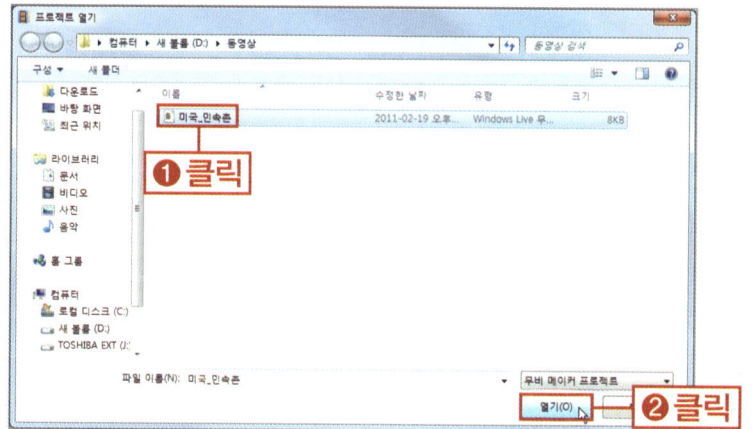

> **TIP** 동영상 제작에 사용된 이미지 파일이 프로젝트 파일과 같은 폴더에 존재하지 않은 경우 오류 아이콘(⚠) 표시가 나타납니다.

06 선택한 프로젝트 파일이 작업 영역에 열립니다. 무비 메이커 프로그램을 종료할 때는 ▾ 를 클릭한 후 [끝내기]를 클릭하거나, 화면 조절 단추 중 [닫기](✕)를 클릭합니다.

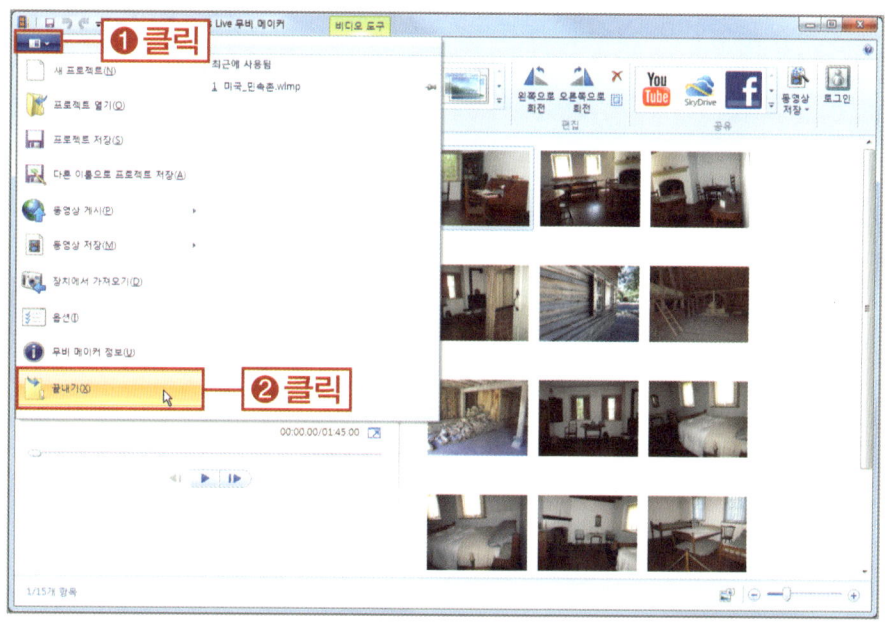

> **TIP** 프로젝트 파일을 여는 또 다른 방법은 윈도우 탐색기에서 프로젝트 파일이 저장된 폴더를 찾아 프로젝트 파일을 더블클릭하는 것입니다.

9장. 프로젝트 저장하고 불러오기 | 51

연습문제

01 궁 이미지를 이용하여 간단한 동영상을 제작한 후 '궁-준비' 프로젝트 파일로 저장해 보세요.

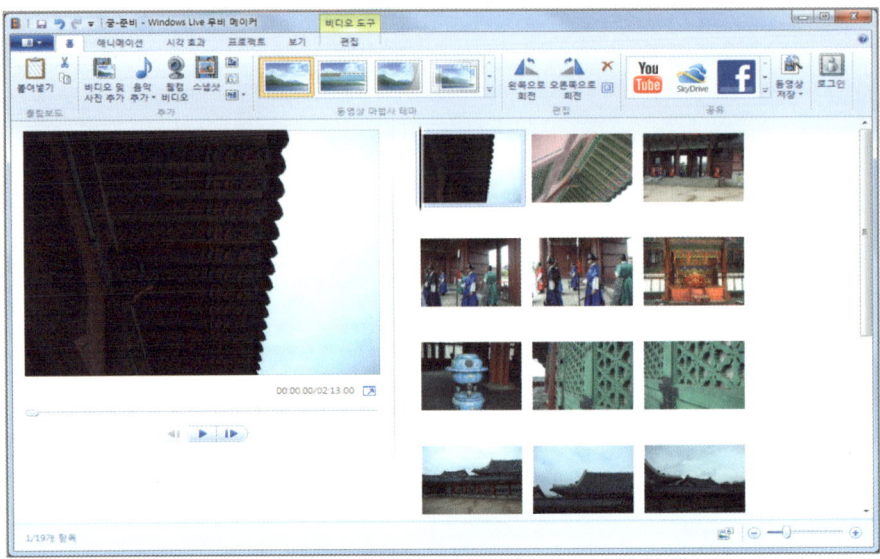

02 꽃 이미지를 이용하여 간단한 동영상을 제작한 후 '꽃-준비' 프로젝트 파일로 저장해 보세요.

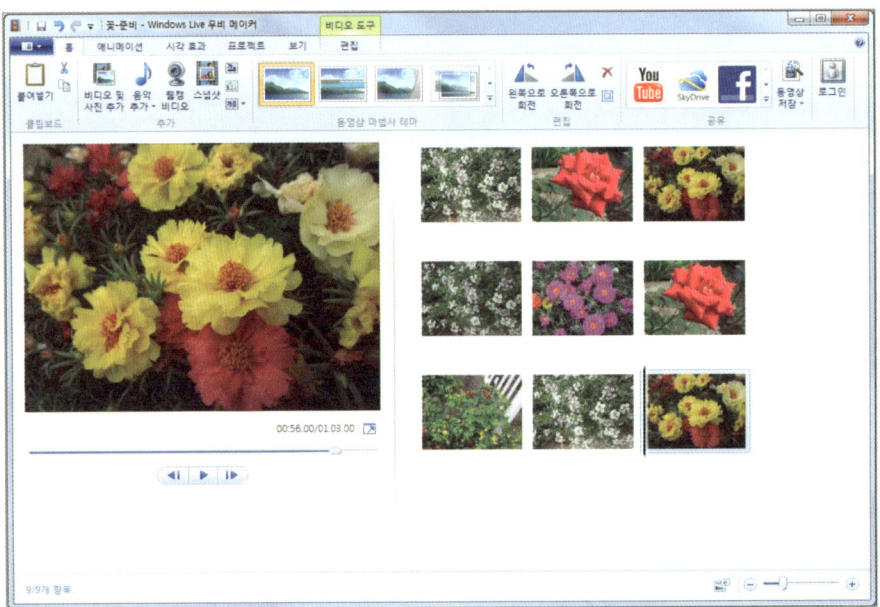

동영상 제작 + 편집

준비파일 : 미국_민속촌.wlmp

동영상 마법사 테마로 동영상 제작하기

무비 메이커에서는 여러 장의 사진을 추가하는 것만으로도 동영상이 만들어지지만 다양한 비디오 효과와 전환 효과, 음악 등이 추가되어야 좀 더 멋진 영상을 만들 수 있습니다. 동영상 마법사 테마는 앞으로 배우게 될 다양한 효과를 간단하게 적용시켜주는 기능입니다. 동영상 마법사 테마를 이용하여 동영상에 음악과 자막을 넣어봅니다.

이런걸 배워요! 동영상 마법사 테마

 **동영상 마법사 테마 적용하기**

01 윈도우 무비 메이커를 실행한 후 앞에서 작업한 '미국_민속촌' 프로젝트 파일을 불러옵니다. [홈] 탭의 [동영상 마법사 테마] 그룹에서 [심플] 테마를 클릭합니다.

> **TIP** 테마는 무비 메이커에서 기본적으로 제공하는 화면 전환 효과와 자막, 제작진, 음악 등이 포함된 패키지입니다. 더 많은 테마의 목록을 나타내고 싶을 때는 [동영상 마법사 테마] 그룹의 [자세히](▼)를 클릭합니다.

02 배경 음악을 추가할 것이지 묻는 대화상자가 나타나면 [예]를 클릭합니다. [음악 추가] 대화상자에서 추가할 음악을 선택하고 [열기]를 클릭합니다.

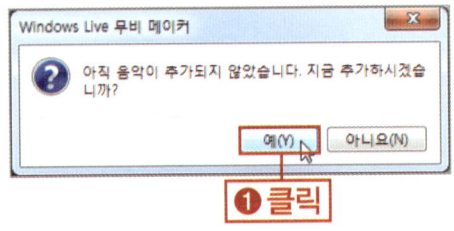
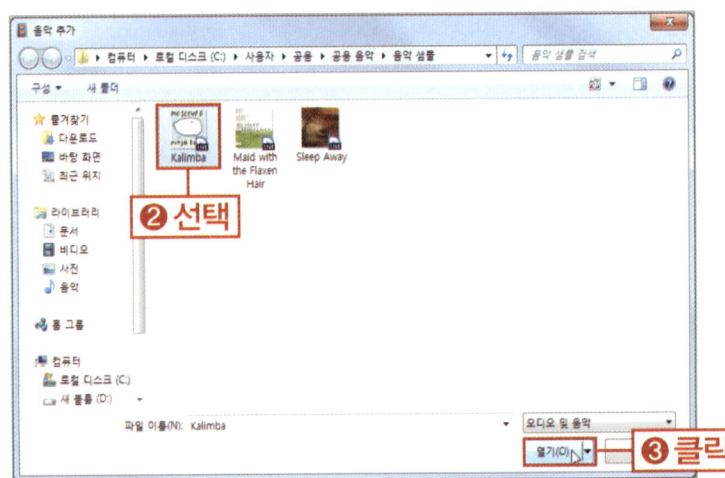

03 창의 오른쪽 사진 클립 목록의 위와 아래에 색상 띠가 추가된 것을 확인할 수 있습니다. 위의 초록색 띠는 삽입된 음악을 나타내는 것이고, 아래의 주황색 띠는 제목과 제작진이 삽입된 것을 나타냅니다.

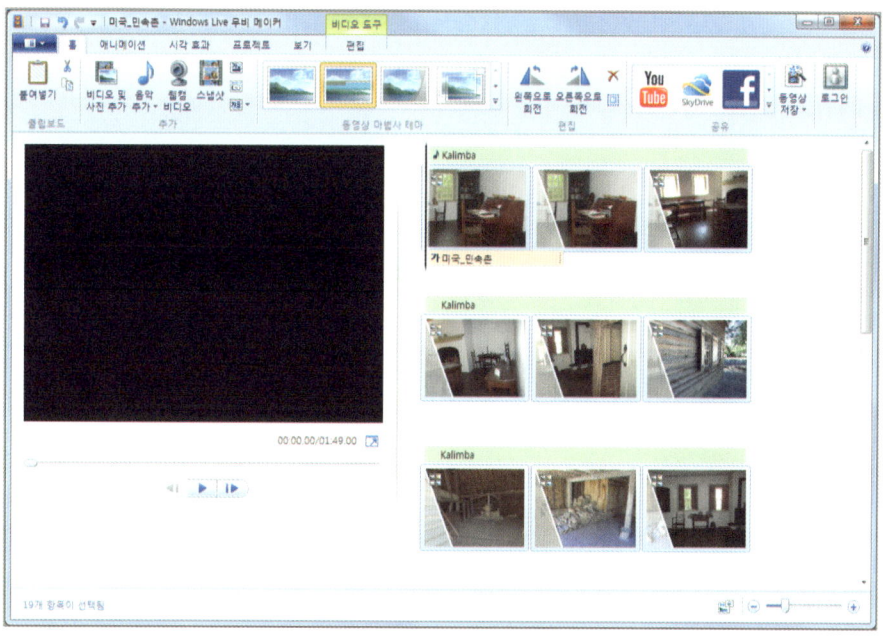

04 [재생](▶) 단추를 클릭하면 적용된 동영상 테마를 확인할 수 있습니다. 제목과 제작진의 내용은 사진의 제목에 기본적으로 표시됩니다.

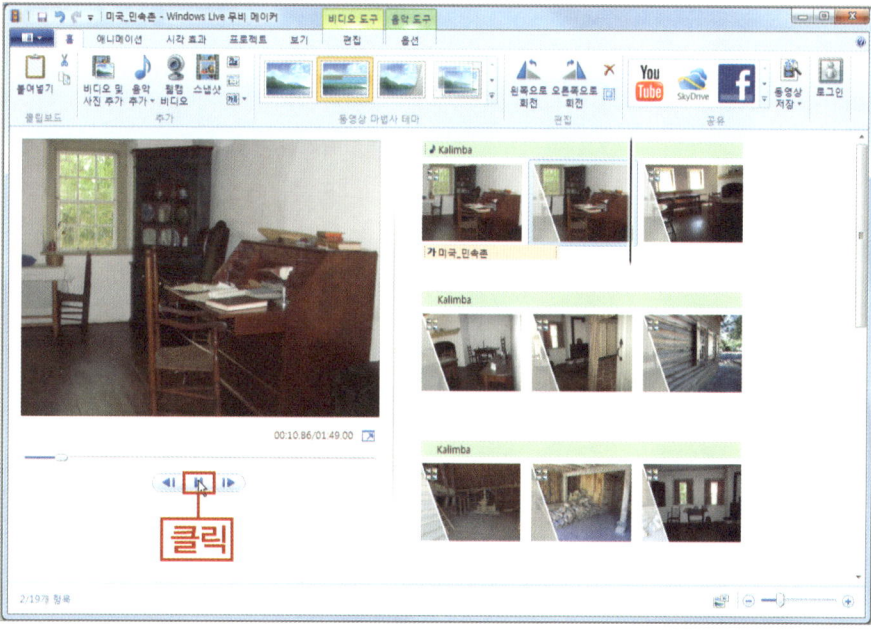

10장. 동영상 마법사 테마로 동영상 제작하기 | 55

Step 2 제목과 제작진 수정하기

05 자동으로 추가된 제목을 수정할 때는 사진 클립 아래의 주황색 띠를 더블클릭합니다. 기본적으로 입력되어 있는 파일 이름을 지우고 다음과 같이 동영상 제목을 입력합니다.

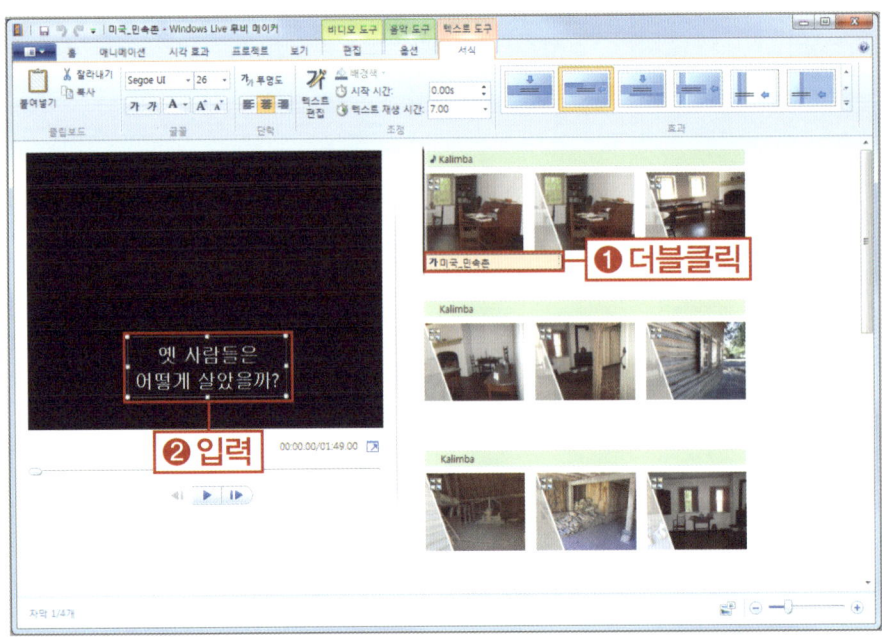

06 사진 클립 목록의 마지막에는 차례로 '감독, 출연, 촬영진'을 입력할 수 있는 자막이 삽입됩니다. '감독'이라고 입력되어 있는 주황색 띠를 더블클릭하여 내용을 추가합니다. 재생 창의 [전체 화면 미리 보기](📷)를 클릭하면 테마를 적용한 동영상을 모니터 전체 화면으로 확인해 볼 수 있습니다.

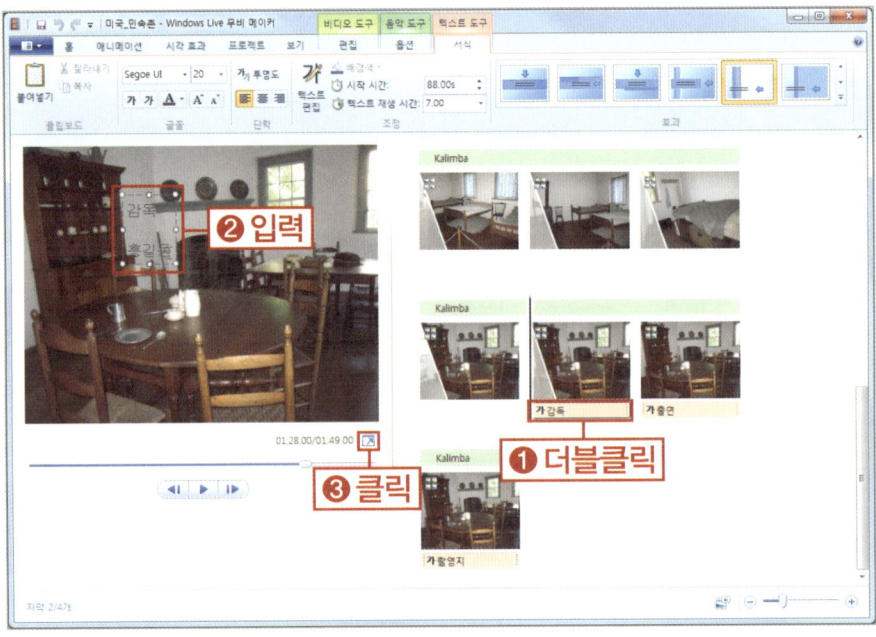

56 | 눈이 편한 동영상 제작+편집

연습문제

01 '궁-준비' 프로젝트 파일을 불러온 후 추가한 사진 클립에 '동영상 마법사 테마'를 적용해 보세요.

- 테마 : 흑백, 음악 파일 삽입, 제목과 제작진 수정

02 '꽃-준비' 프로젝트 파일을 불러온 후 추가한 사진 클립에 '동영상 마법사 테마'를 적용해 보세요.

- 테마 : 페이드, 음악 파일 삽입, 제목과 제작진 수정

11장 자막 넣고 효과 주기

동영상 제작 + 편집

외화나 외국 드라마를 볼 때 화면 아래에 자막을 표시하는 것처럼 무비 메이커에 추가한 사진 클립에도 원하는 자막을 넣을 수 있습니다. 또한, 이러한 자막에는 다양한 애니메이션 효과를 지정할 수도 있습니다. 클립에 자막을 삽입하고 편집하는 방법에 대해 알아보도록 합니다.

| 이런걸 배워요! | 자막 추가, 자막 편집, 자막 효과

미리보기

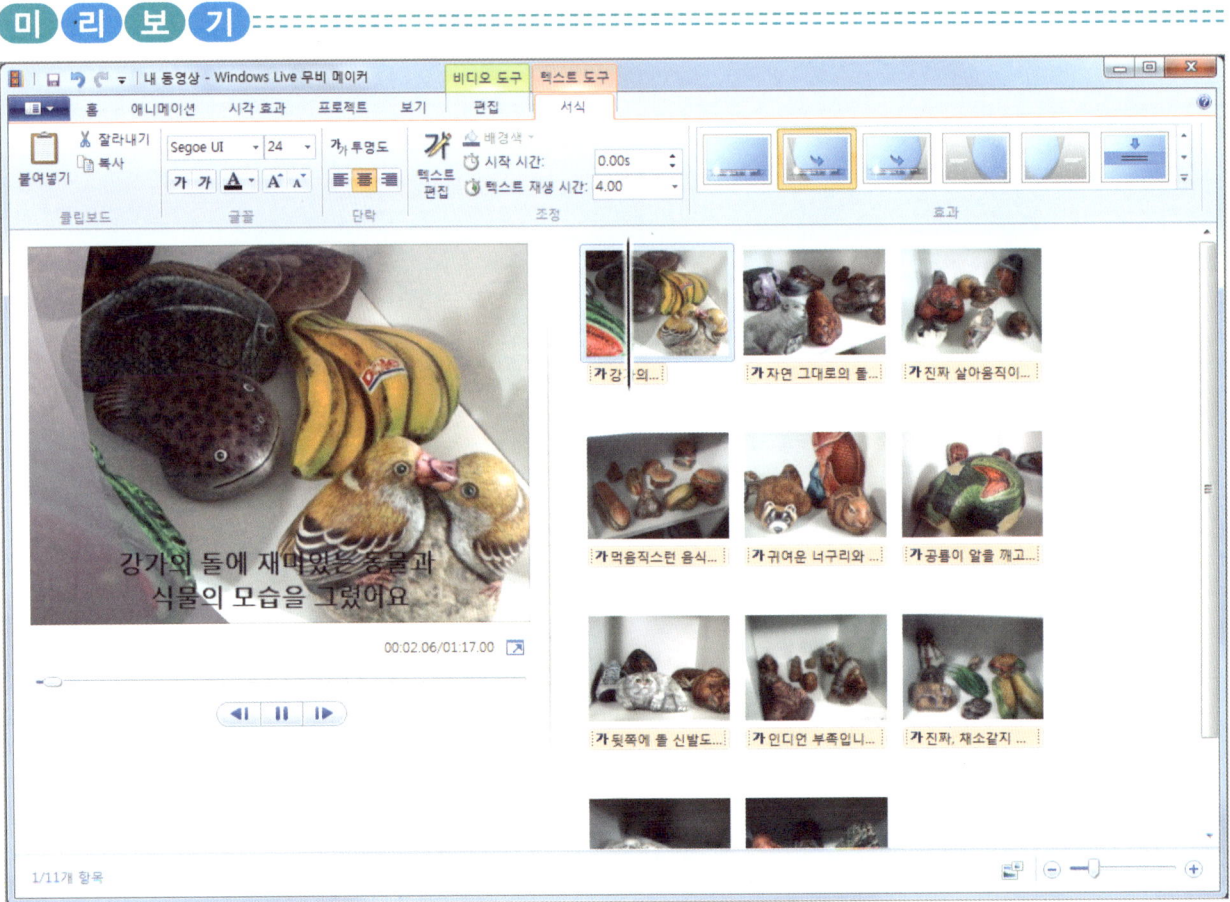

58 | 눈이 편한 동영상 제작+편집

 **클립에 자막 추가하기**

01 새로운 프로젝트 파일에 이미지를 추가하고 첫 번째 이미지를 선택한 후 [홈] 탭의 [추가] 그룹에서 [자막 추가](📄)를 클릭합니다.

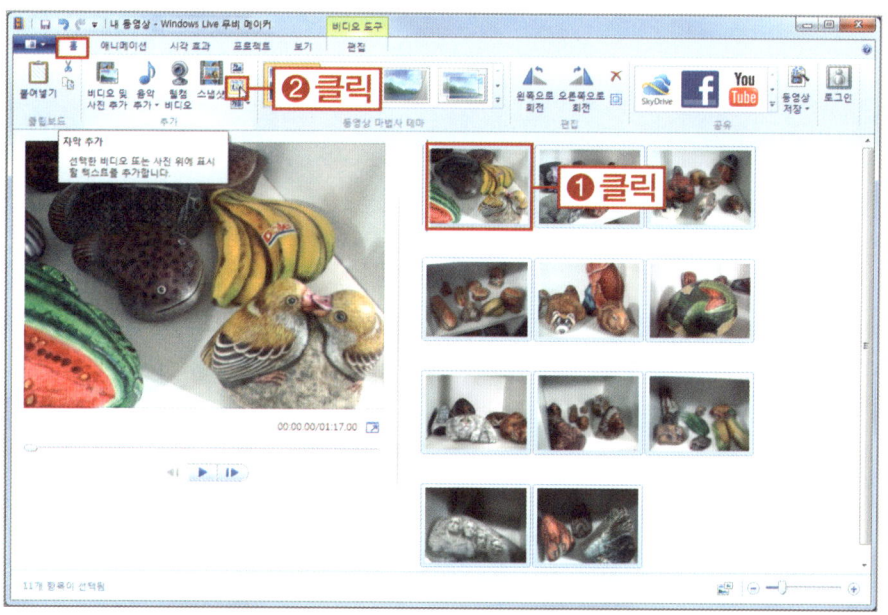

TIP ▾ 를 클릭한 후 [옵션]을 선택하여 나타나는 [Windows Live 무비 메이커 옵션] 대화상자의 [캡션]에서 '캡션이 있는 비디오나 사진을 추가할 때 자동으로 캡션 추가' 항목이 선택되어 있으면 사진의 제목이나 사진에 이미 지정되어 있는 캡션이 자막으로 자동 표시됩니다. 만약 항목이 선택되어 있다면 해제한 후 자막 작업을 시작하도록 합니다.

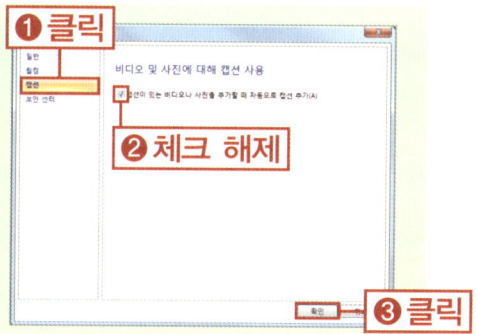

02 첫 번째 사진에 자막을 입력할 수 있도록 '여기에 텍스트를 입력'이라고 표시된 자막 입력 상자가 표시됩니다. 자막 입력 상자에 내용을 입력합니다.

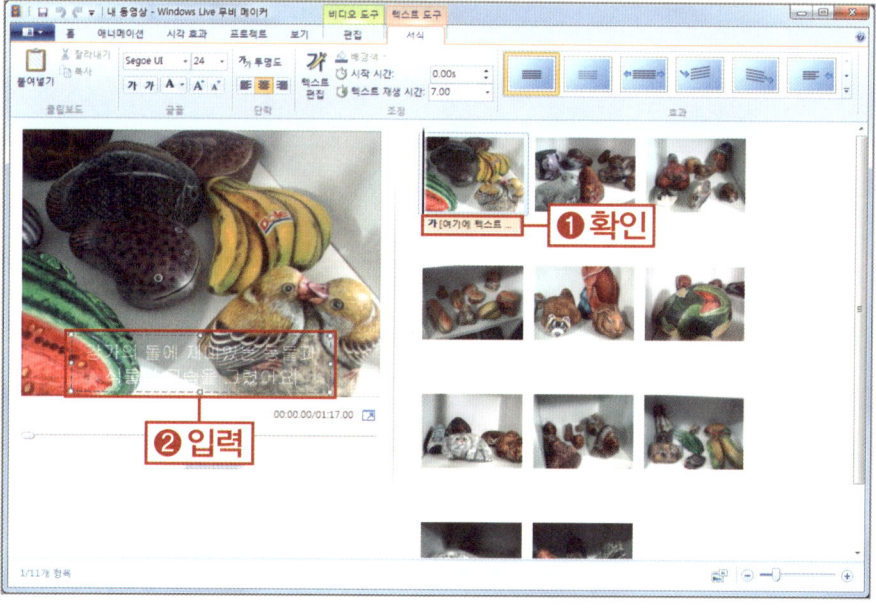

03 같은 방법으로 각각의 사진 클립을 클릭한 후 알맞은 자막을 입력합니다. 재생 창의 [재생](▶) 단추를 클릭하면 입력한 자막과 함께 동영상이 재생됩니다.

Step 2 자막 편집하기

04 이미 입력한 자막을 좀 더 보기 좋게 편집할 수 있습니다. 자막 입력 상자의 테두리를 클릭하여 자막을 선택한 후, [텍스트 도구-서식] 탭의 [글꼴] 그룹에서 [텍스트 색](A▼)의 화살표를 클릭하여 검정색을 선택합니다.

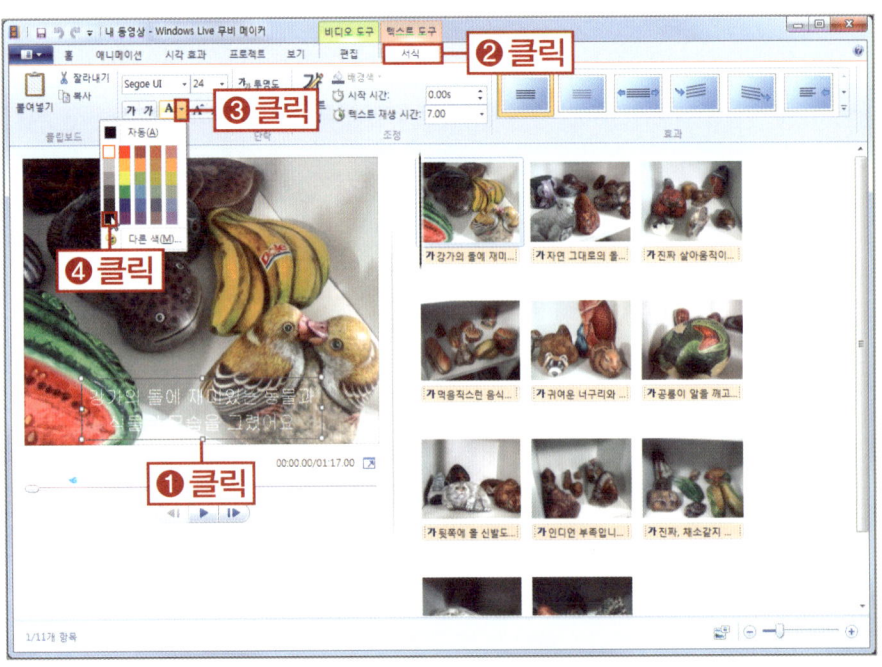

05 자막의 글자 색을 검정색으로 모두 변경한 후 이번에는 [텍스트 도구-서식] 탭의 [조정] 그룹에서 [텍스트 재생 시간]을 '4초'로 짧게 변경합니다.

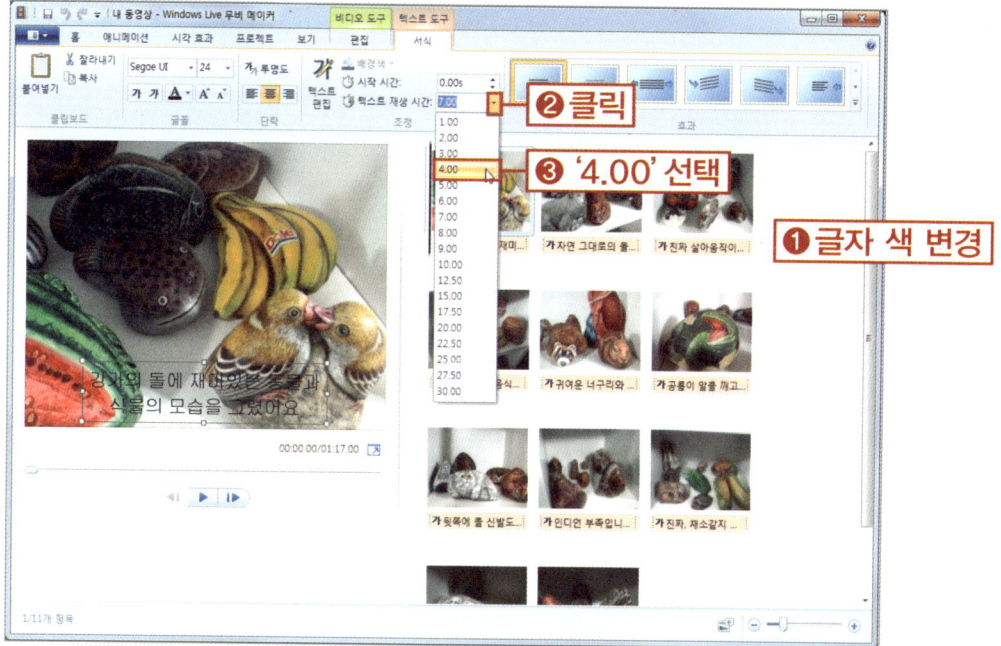

TIP 자막을 삽입하면 사진 클립의 재생 시간과 동일하게 자막 표시 시간이 지정됩니다. 자막이 표시되는 시간은 사진 클립이 재생되는 시간보다 길거나 짧게 사용자가 조절할 수 있습니다.

06 자막이 표시될 때 특정 효과를 지정하려면 [텍스트 도구-서식] 탭의 [효과] 그룹에서 선택합니다. [효과] 그룹에서 [자세히](▼)를 클릭한 후 [시네마틱-왼쪽으로 버스트]를 선택합니다.

07 선택한 클립의 자막 표시 시간이 조정되고, 자막에 특정 효과가 적용된 것을 확인할 수 있습니다. 나머지 클립에도 같은 방법으로 효과와 시간을 지정한 후 '돌그림-자막'으로 프로젝트 파일을 저장합니다.

연습문제

01 예제 파일(궁-준비.wlmp)을 열고 장면에 자막을 추가한 후 다음과 같은 자막 효과를 지정해 보세요.

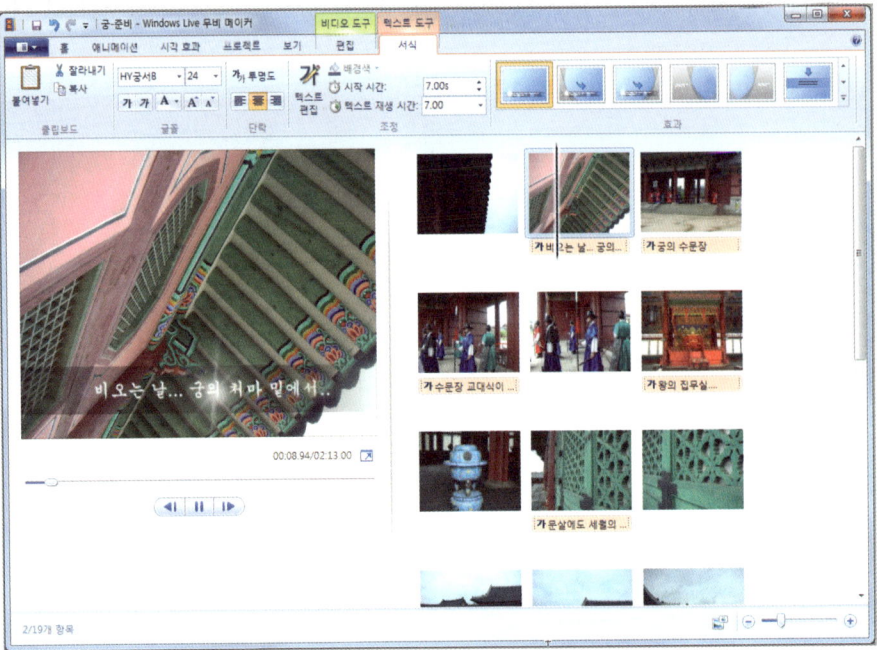

02 예제 파일(꽃-준비.wlmp)을 열고 장면에 자막을 추가한 후 다음과 같은 자막 효과를 지정해 보세요.

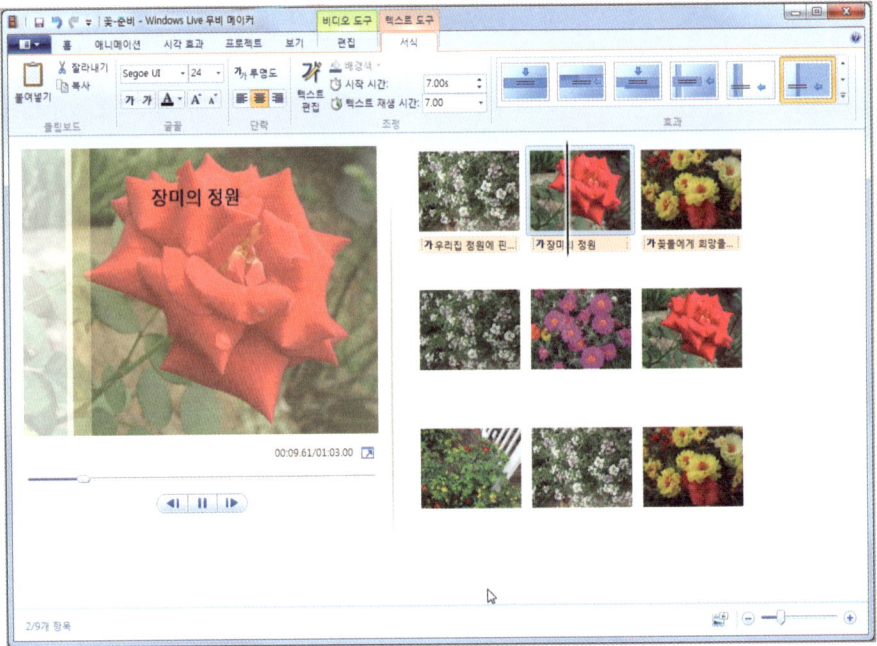

12장. 제목과 제작진 작업하기

동영상 제작 + 편집

○ 준비파일 : 돌그림-자막.wlmp

제목과 제작진은 동영상의 처음과 끝에 그 동영상의 제목 클립과 제작진 클립을 따로 삽입하는 것입니다. 동영상의 제목 클립과 영화의 엔딩 크레딧과 같은 제작진 클립에는 자막과 마찬가지로 여러 효과를 지정할 수 있습니다.

│ 이런걸 배워요! │ 제목 클립 추가, 제작진 클립 추가

미리보기

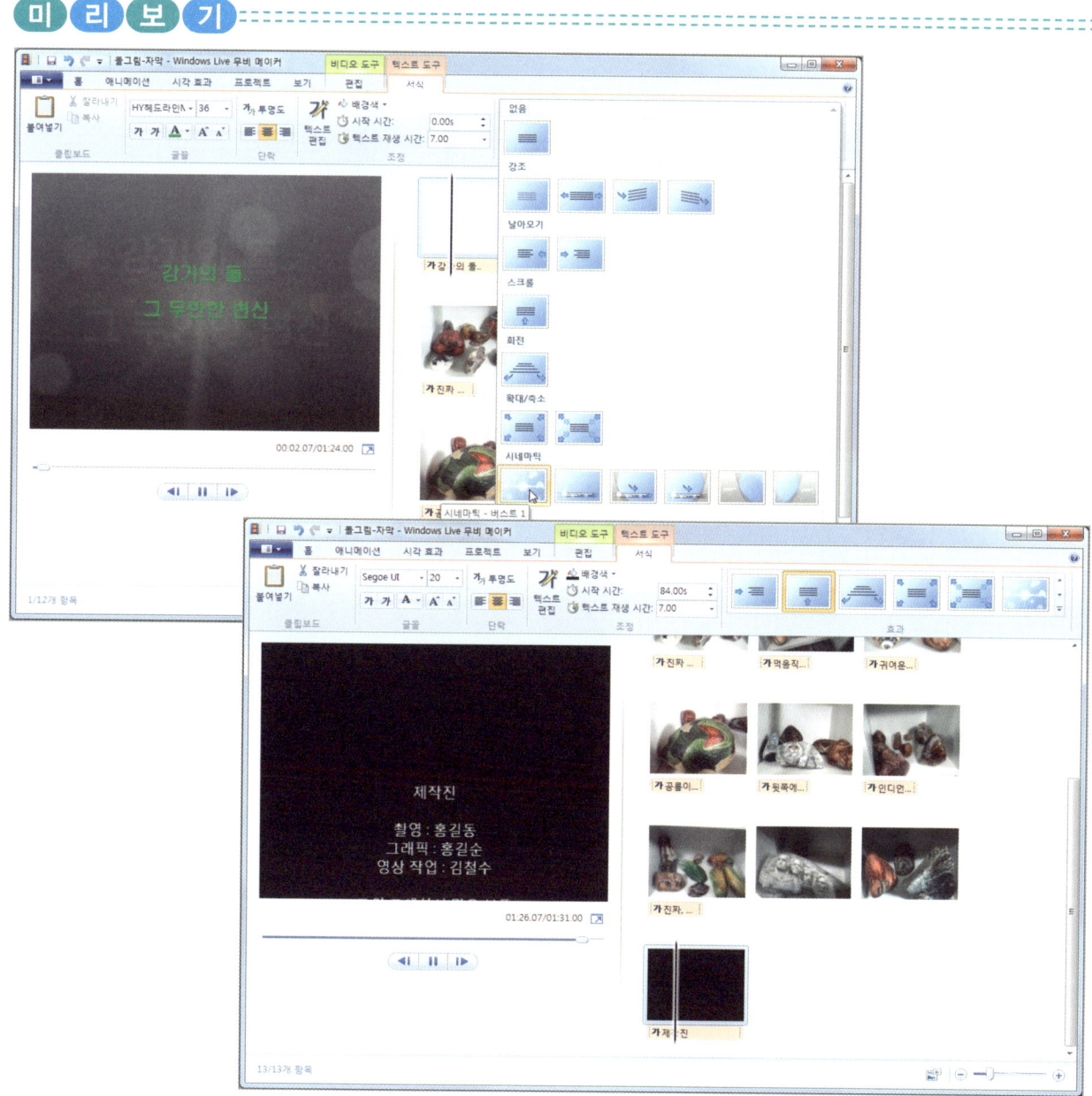

 **제목 클립 추가하기**

01 준비된 프로젝트 파일을 열고 첫 번째 클립을 선택한 후 [홈] 탭의 [추가] 그룹에서 [제목 추가](｡)를 클릭합니다. 검정색 배경 화면 위에 파일 이름이 제목 클립으로 삽입되면 [텍스트 도구-서식] 탭의 [조정] 그룹에서 [배경색]을 클릭한 후 [황갈색]을 선택합니다.

02 제목 클립의 배경색이 적용되면 자막 텍스트 상자를 선택한 후 [텍스트 도구-서식] 탭의 [글꼴] 그룹에서 [글꼴 패밀리]의 화살표(▼)를 클릭하여 [HY헤드라인M]을 선택합니다.

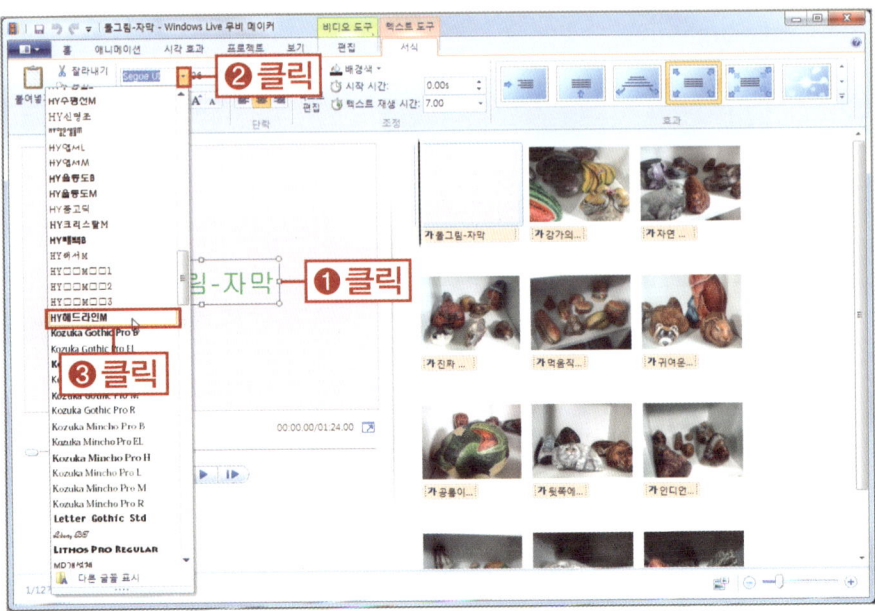

03 제목의 배경과 글꼴, 글꼴 색 등을 변경한 후에는 제목 상자의 크기를 조절해 가면서 다음과 같이 동영상의 제목을 변경합니다.

04 제목을 완성한 후 [텍스트 도구-서식] 탭의 [효과] 그룹에서 자세히(▼)를 클릭하여 [시네마틱-버스트1]을 선택합니다.

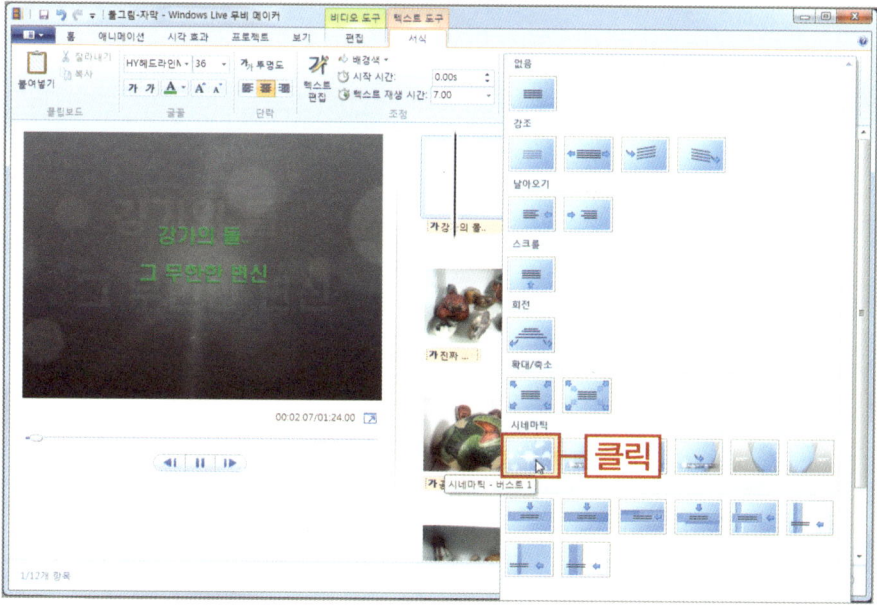

Step 2 제작진 클립 추가하기

05 이번에는 동영상의 끝에 제작진을 추가하기 위해 [홈] 탭의 [추가] 그룹에서 [제작진 추가]()를 클릭합니다.

06 클립 목록의 가장 마지막에 제작진 클립이 추가되면 제작진 텍스트 상자의 안을 클릭한 후 다음과 같이 제작진 내용을 입력합니다.

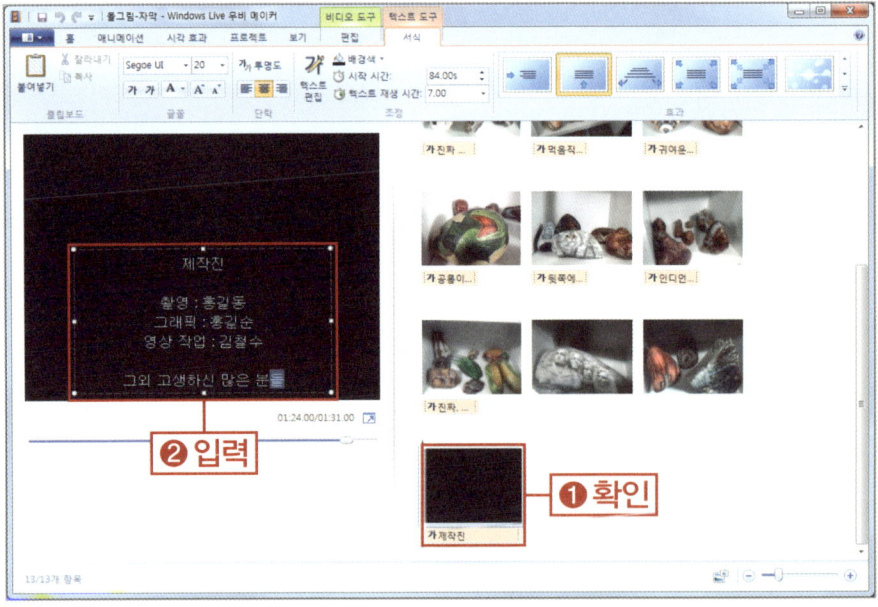

> **TIP** 제작진을 추가하면 기본적으로 '스크롤' 효과가 적용됩니다.

07 재생 창의 [재생](▶) 단추를 클릭하여 제작진 텍스트가 아래에서 위로 움직이는 것을 확인한 후 '돌그림-애니전'으로 프로젝트 파일을 저장합니다.

연습문제

01 예제 파일(궁-자막.wlmp)을 불러온 후 동영상의 제목을 추가하고 아래와 같은 효과를 적용해 보세요.

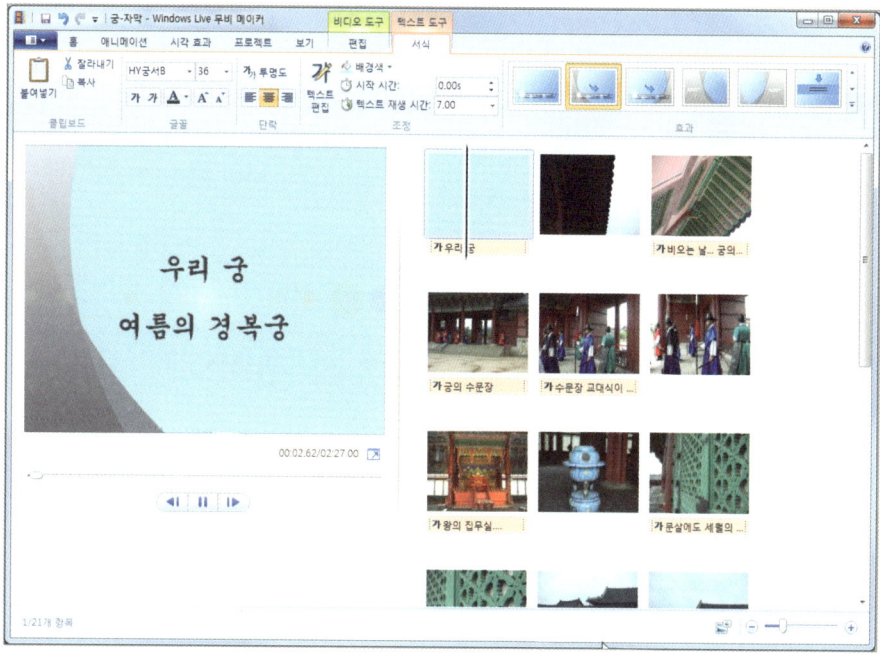

02 예제 파일(궁-자막.wlmp)을 불러온 후 동영상의 제작진을 추가하고 아래와 같은 효과를 적용해 보세요.

동영상 제작 + 편집

준비파일 : 돌그림-애니전.wlmp

애니메이션 효과 주기

무비 메이커의 '화면 전환' 기능은 클립이 다음 클립으로 넘어갈 때 나타나는 효과를 지정하는 것이고, '이동 및 확대/축소'는 하나의 클립이 재생될 때 장면 내에서 화면을 이동시키거나 확대/축소할 때 사용되는 기능입니다. 이 두 기능을 사용하여 좀 더 다양하고 고급스러운 동영상을 제작하는 방법에 대해 알아봅니다.

| 이런걸 배워요! | 전환 효과, 이동 및 확대/축소 효과

미 리 보 기

 **화면 전환 효과 지정하기**

01 준비된 프로젝트 파일을 열고 두 번째 클립을 선택한 후 [애니메이션] 탭의 [전환] 그룹에서 [자세히]( )를 클릭합니다. 전환 효과 목록이 표시되면 [넘기기(오른쪽 아래로)]를 선택하고 [모두 적용](모두 적용)을 클릭합니다.

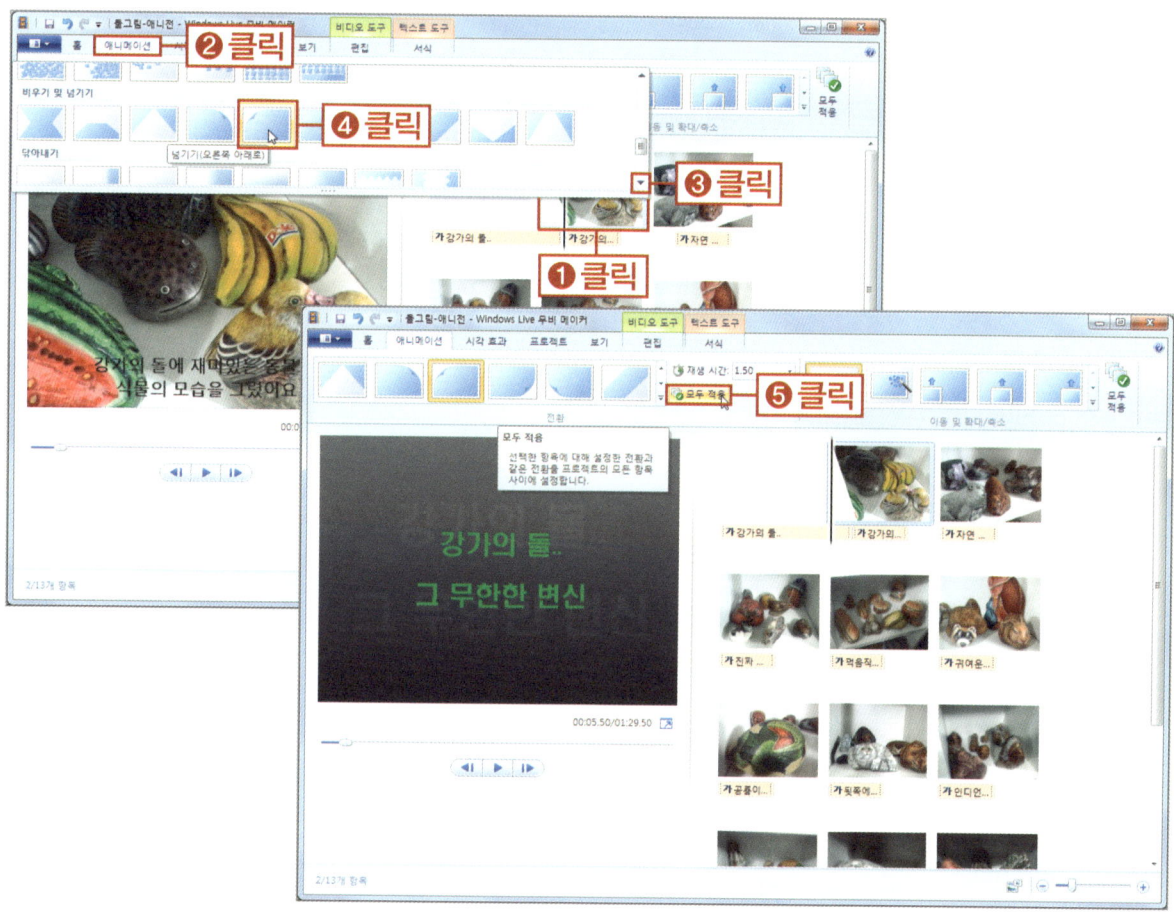

02 화면 전환 효과가 적용되면서 전환 효과가 적용되는 시간만큼 자막 표시 위치가 변경됩니다. [재생]( ) 단추를 클릭하면 장면과 장면 사이에 종이가 오른쪽 아래로 넘어가는 듯한 화면 전환 효과가 적용된 것을 확인할 수 있습니다.

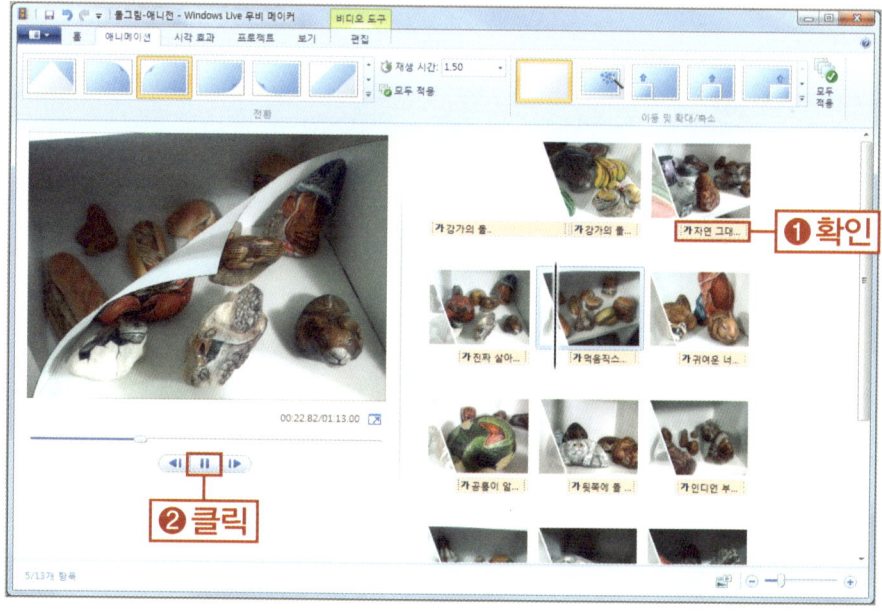

13장. 애니메이션 효과 주기 | **69**

Step 2 이동 및 확대/축소 효과 주기

03 두 번째 클립을 선택하고 [애니메이션] 탭의 [이동 및 확대/축소] 그룹에서 [자세히](▼)를 클릭한 후 효과 목록에서 [확대]의 [가운데 확대 및 오른쪽으로 회전]을 선택합니다.

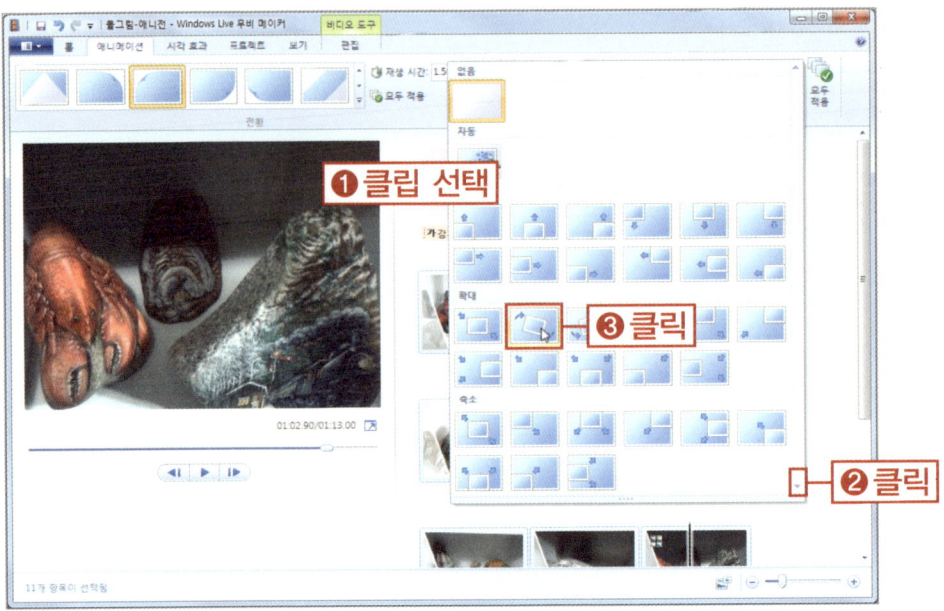

04 [모두 적용](📋)을 클릭하여 제목을 제외한 모든 클립에 동일한 [이동 및 확대/축소] 효과를 적용합니다. [재생](▶) 단추를 클릭하면 클립에 적용한 [전환] 효과와 [이동 및 확대/축소] 효과를 확인할 수 있습니다.

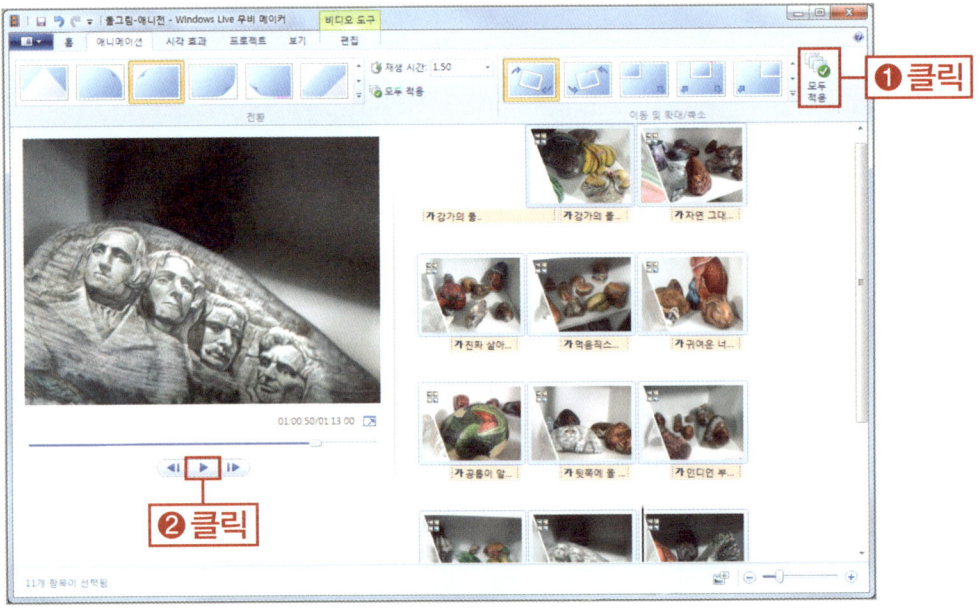

> **TIP** [이동 및 확대/축소] 효과가 적용된 클립에는 📺 표시가 나타납니다.

Step 3 와이드 스크린으로 변경하기

05 제작한 동영상은 기본적으로 '표준(4:3)' 비율로 표시되지만 16:9의 와이드 스크린 비율로 동영상을 변경할 수도 있습니다. [프로젝트] 탭의 [가로 세로 비율] 그룹에서 [와이드 스크린(16:9)](▭)을 클릭합니다.

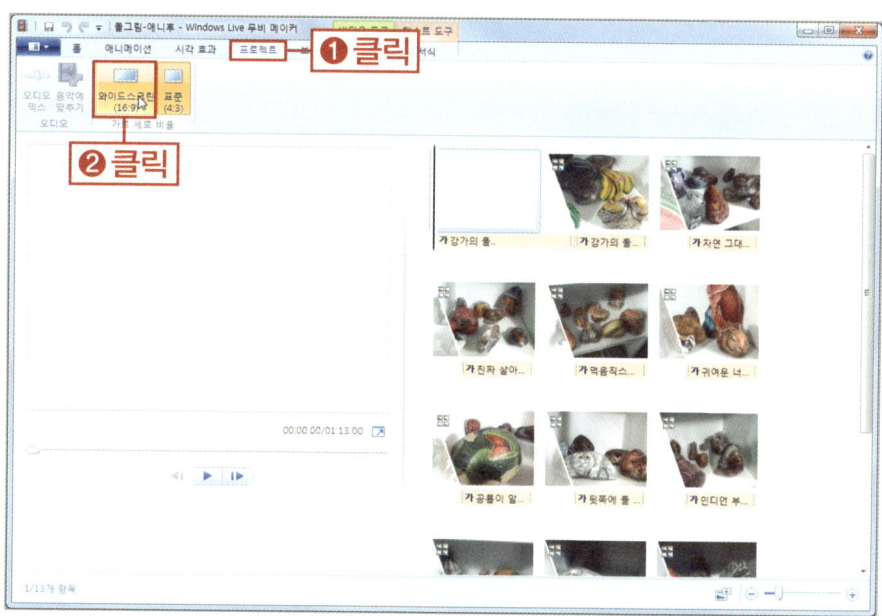

06 장면의 가로와 세로 비율이 와이드 스크린 형태로 변경됩니다.

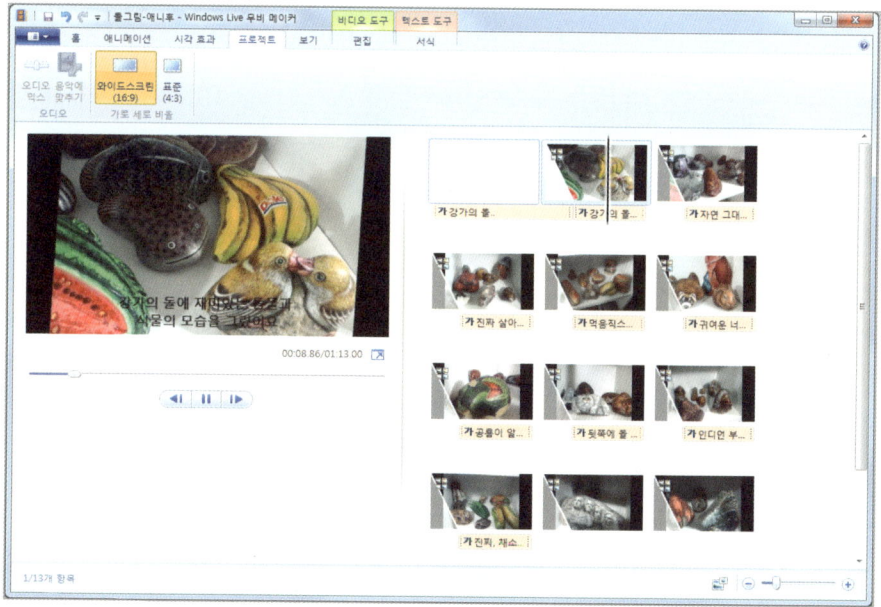

07 다시 [가로 세로 비율]을 '표준(4:3)' 비율로 변경하고 프로젝트 파일을 '돌그림-애니후'로 저장합니다.

연습문제

01 예제 파일(꽃-제목과 제작진.wlmp)을 불러온 후 모든 클립에 아래와 같은 [전환] 효과와 [이동 및 확대/축소] 효과를 적용해 보세요.

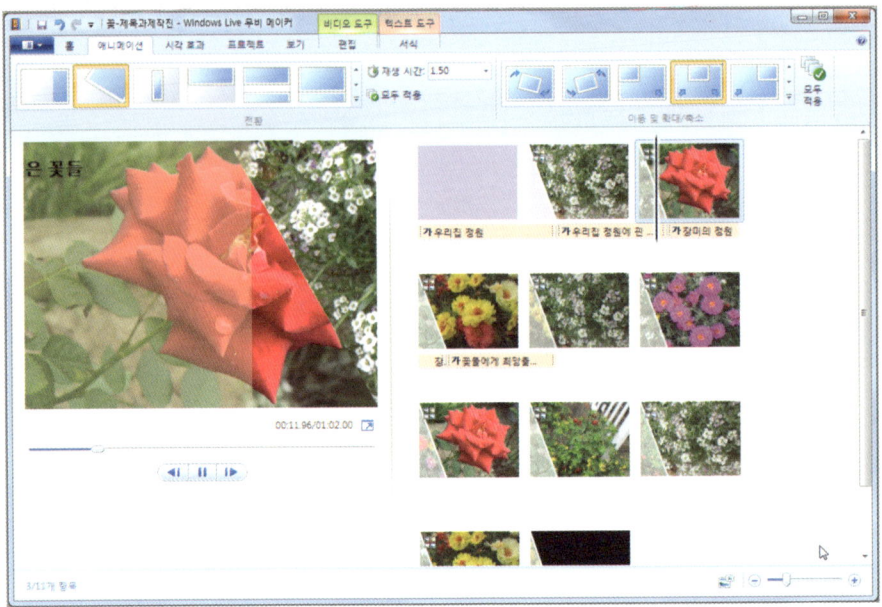

02 예제 파일(궁-애니효과.wlmp)을 불러온 후 모든 클립에 아래와 같은 [전환] 효과와 [이동 및 확대/축소] 효과를 적용해 보세요.

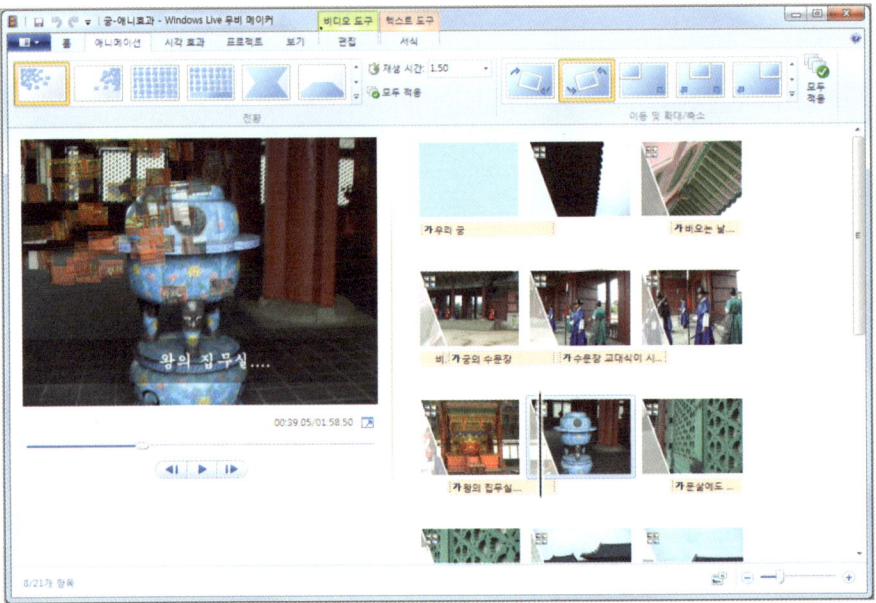

동영상 제작 + 편집

14장 시각 효과 지정하기

앞에서 포토스케이프를 사용하여 사진의 밝기와 필터 효과를 지정하는 방법에 대해 알아보았습니다. 윈도우 라이브 무비 메이커에서도 삽입한 클립의 밝기를 조절하고, 필터 기능을 하는 시각 효과 기능이 있습니다. 사진을 보정하지 않고 무비 메이커에 삽입했다면 시각 효과 기능을 사용하여 클립을 편집해 보도록 합니다.

│ 이런걸 배워요! │ 밝기 조정, 시각 효과 지정

미리보기

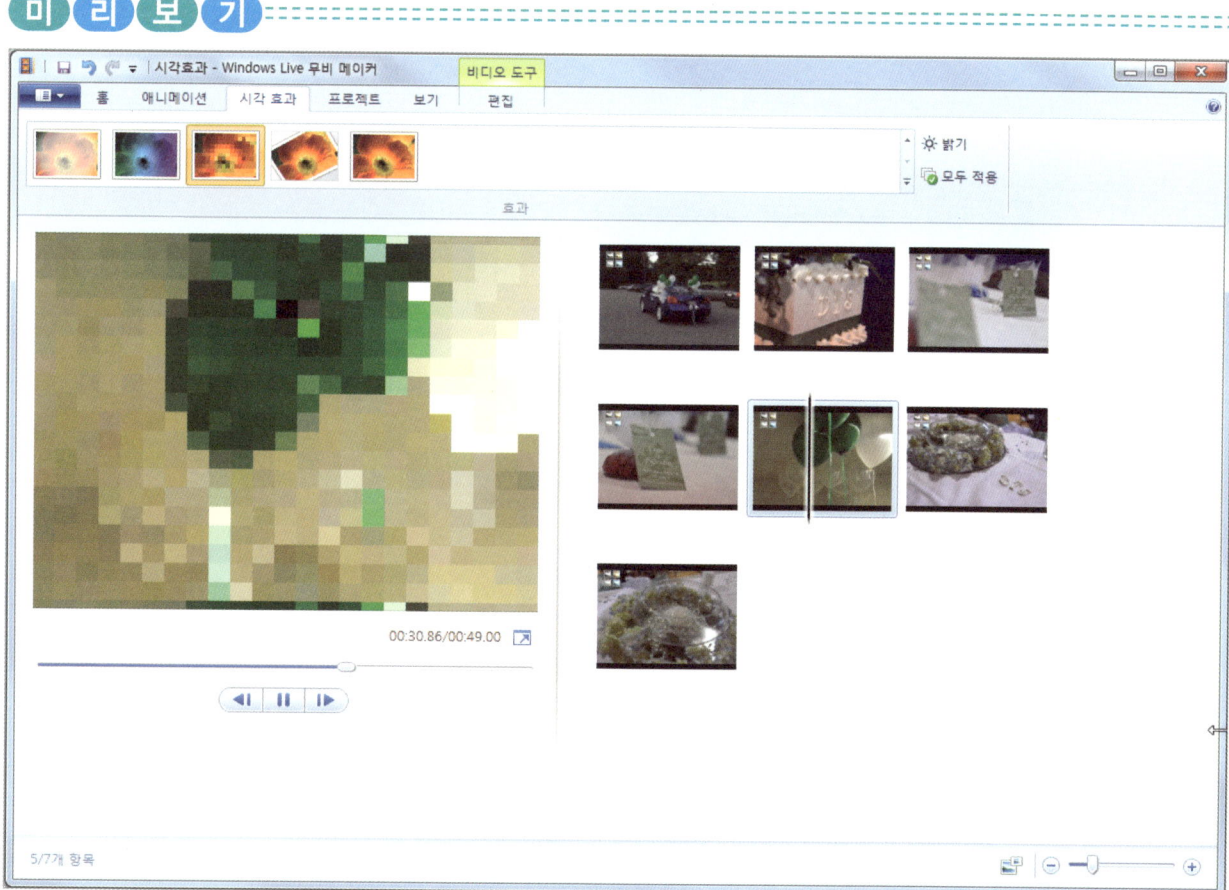

Step 1 사진의 밝기 조정하기

01 준비된 파일을 불러옵니다. [시각 효과] 탭의 [효과] 그룹에서 [밝기]()를 클릭한 후 밝기 조절 단추를 오른쪽으로 드래그하여 현재 밝기보다 조금 더 밝게 조절합니다.

02 [모두 적용](모두 적용)을 클릭하면 추가한 모든 사진 클립에 같은 밝기가 적용됩니다.

Step 2 시각 효과 지정하기

03 이번에는 [시각 효과] 탭의 [효과] 그룹에서 [자세히]( )를 클릭한 후 [흑백] 항목에서 [세피아 톤]을 선택합니다.

04 [모두 적용]( )을 클릭하여 모든 클립에 '세피아 톤' 시각 효과를 적용한 후 [재생]( ) 단추를 클릭하면 프로젝트 내의 모든 클립에 '세피아 톤'의 시각 효과가 적용된 것을 확인할 수 있습니다.

05 이번에는 다섯 번째 클립을 선택하고 [시각 효과] 탭의 [효과] 그룹에서 [자세히] (▼)를 클릭한 후 [모션 및 페이드] 항목에서 [모자이크]를 선택합니다.

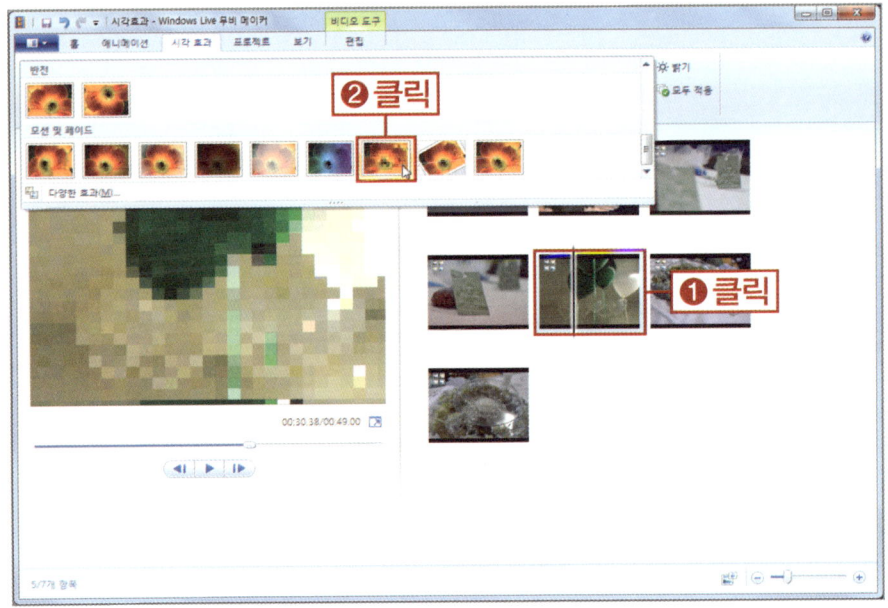

06 [재생](▶) 단추를 클릭하면 선택한 클립에만 '모자이크' 시각 효과가 적용되어 재생되는 것을 확인할 수 있습니다.

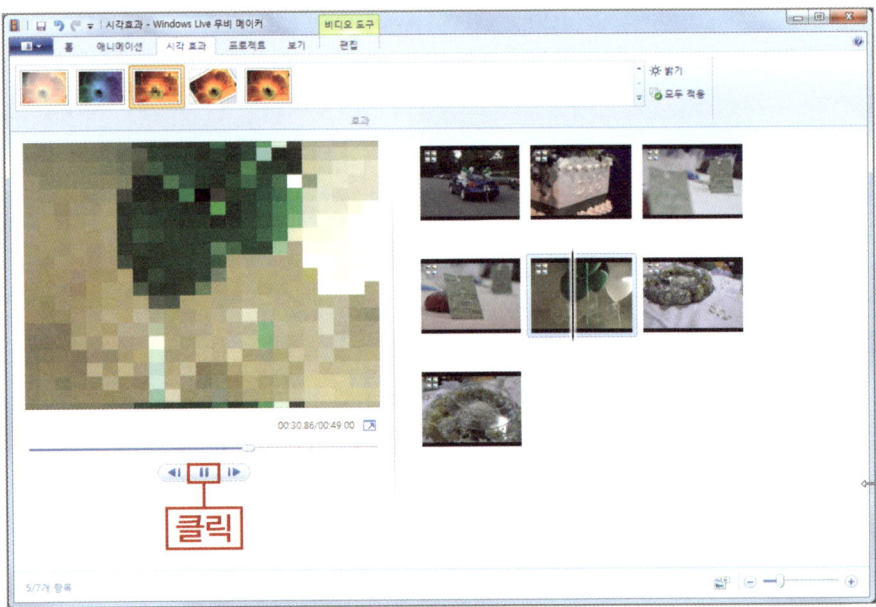

76 | 눈이 편한 **동영상 제작+편집**

07 목록에 표시된 효과 외에 조금 더 다양한 시각 효과를 적용하려면 [시각 효과] 탭의 [효과] 그룹에서 [자세히](▼)를 클릭하여 [다양한 효과]를 선택합니다.

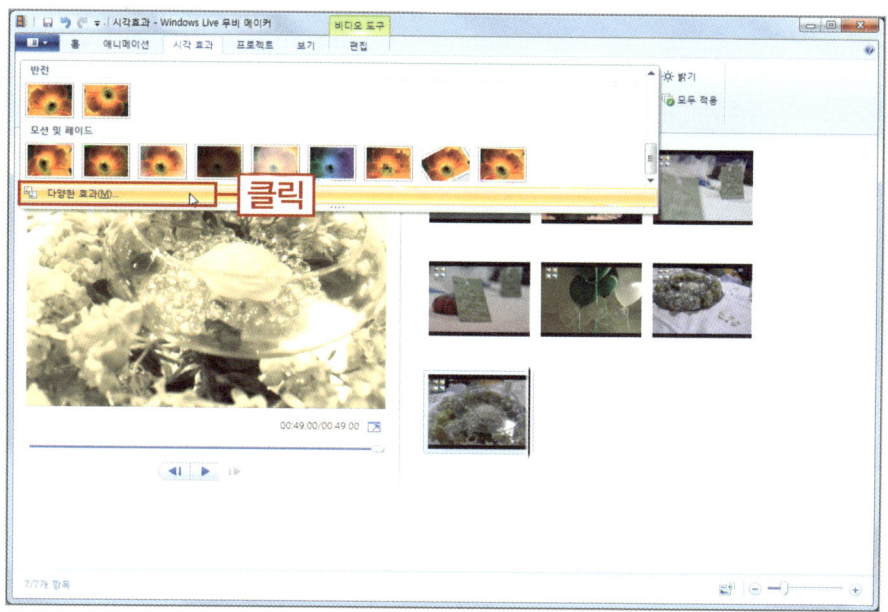

08 [효과 추가 또는 제거] 대화상자가 나타나면 '사용 가능한 효과' 목록에서 추가하려는 효과 '3D 잔물결'을 선택하고 [추가]를 클릭합니다. '표시된 효과' 목록에 선택한 효과가 추가되면 [적용]을 클릭합니다.

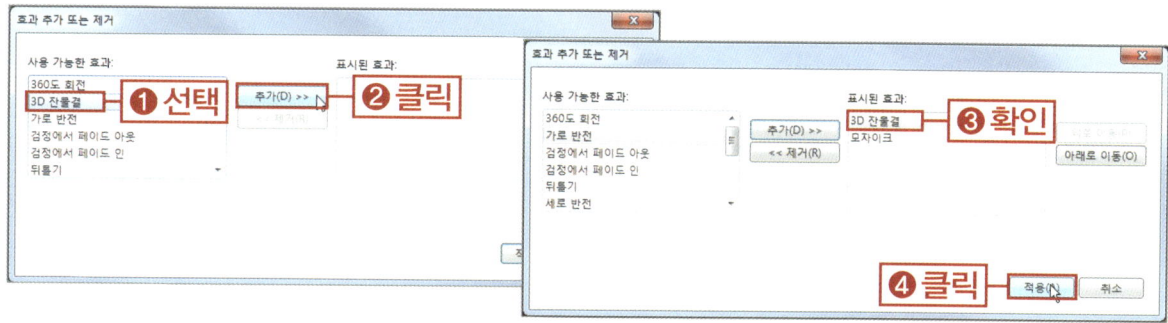

09 다시 [시각 효과] 목록을 나타내면 '3D 잔물결' 시각 효과가 추가된 것을 확인할 수 있습니다. 마지막 클립에 '3D 잔물결' 효과를 적용합니다.

연습문제

01 시각 효과 기능을 사용하여 클립에 다음과 같이 '윤곽 추출' 효과를 지정해 보세요.

02 시각 효과 기능을 사용하여 클립에 다음과 같이 '뒤틀림' 효과를 지정해 보세요.

동영상 제작 + 편집   준비파일 : 돌그림-애니후.wlmp

15장. 배경 음악 삽입하기

무비 메이커에서 사진 클립을 추가하고 다양한 애니메이션 효과를 적용했다면 이번에는 동영상 분위기에 맞는 음악을 추가해 봅니다. 클립에 추가한 음악은 필요에 따라 시작과 종료 지점을 설정하여 편집할 수 있습니다. 배경 음악을 삽입하고 삽입한 배경 음악을 클립에 맞춰 조정하는 방법에 대해 알아봅니다.

| 이런걸 배워요! | 배경 음악 삽입, 음악 추가

미리보기

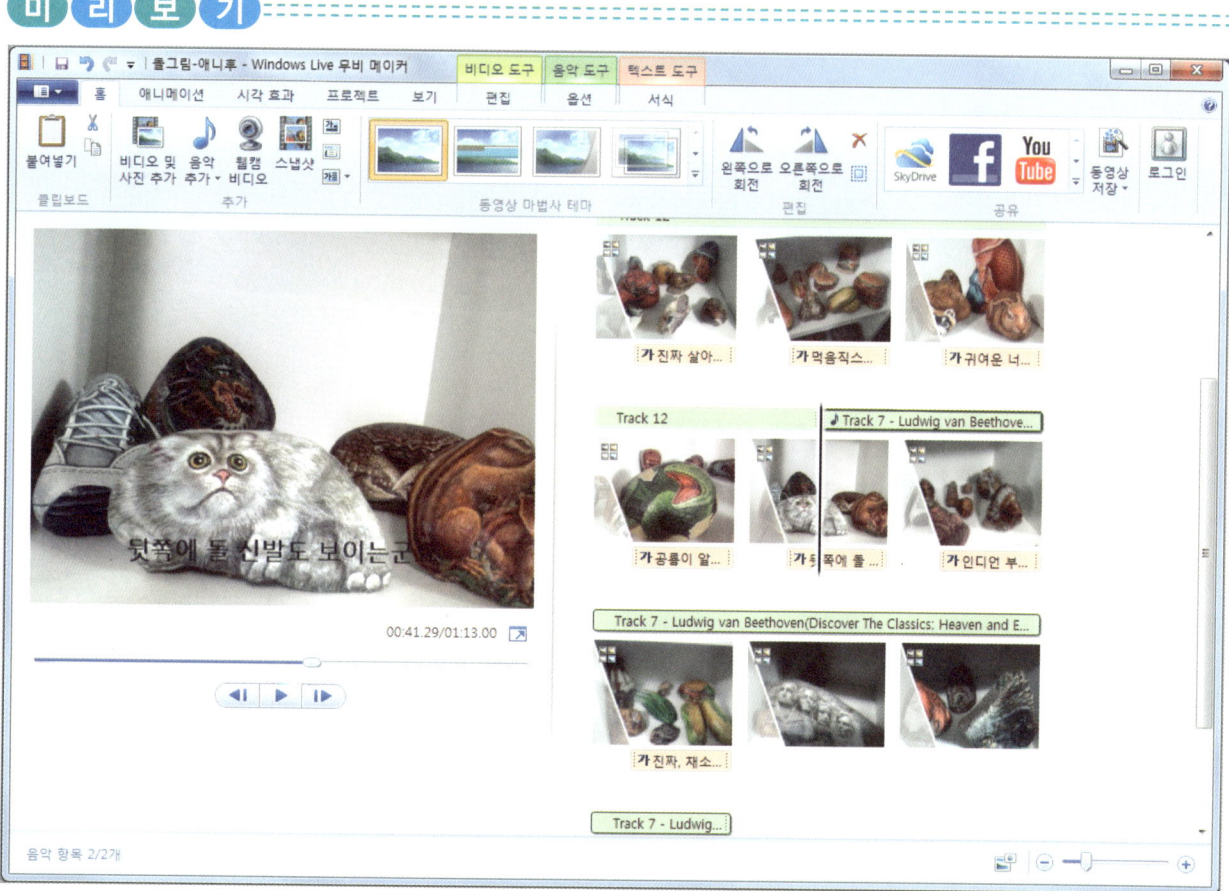

Step 1 배경 음악 삽입하기

01 준비된 파일을 불러온 후 [홈] 탭의 [추가] 그룹에서 [음악 추가](♪)를 클릭합니다. [음악 추가] 대화상자가 나타나면 추가할 음악 파일을 선택하고 [열기]를 클릭합니다.

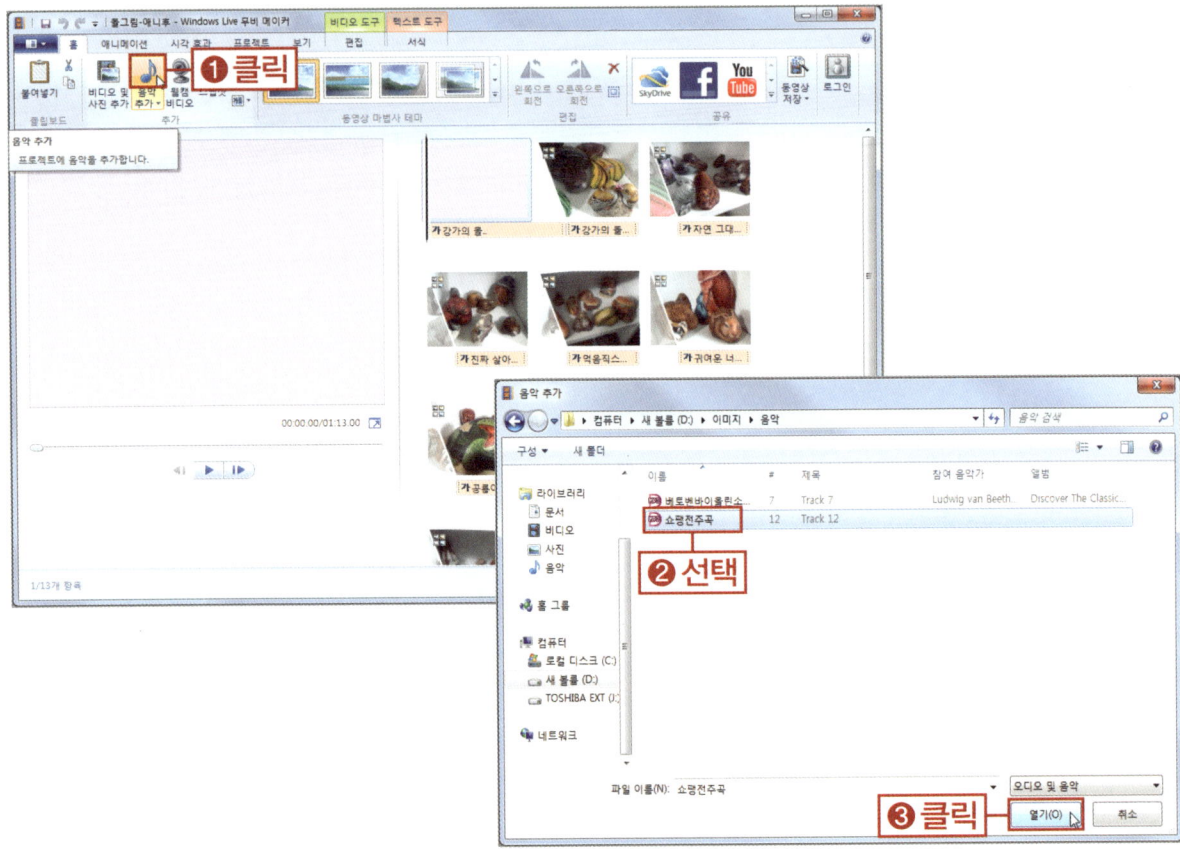

02 클립 목록 위에 초록색 띠의 음악 클립이 삽입됩니다. 마지막 사진 클립으로 이동하면 동영상 재생 시간과 음악 재생 시간이 맞지 않는 것을 확인할 수 있습니다.

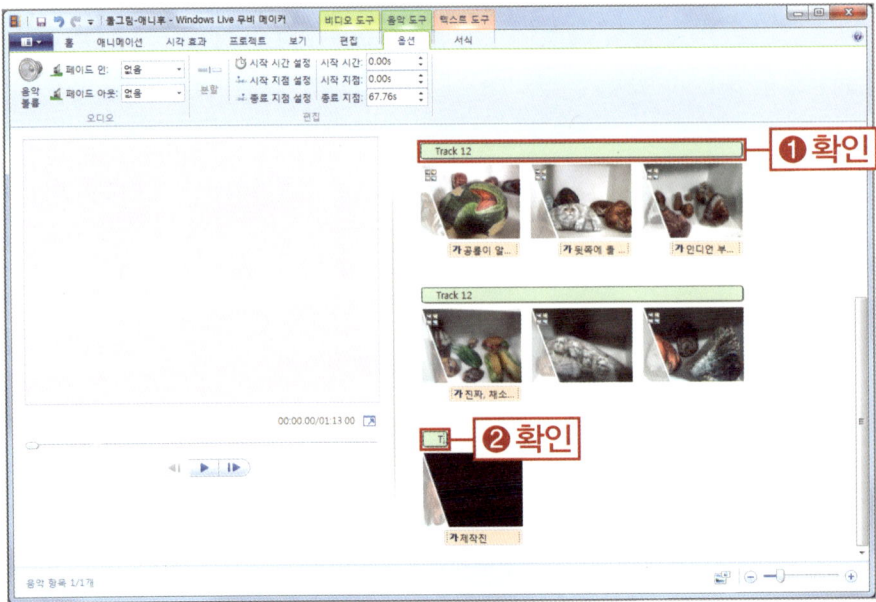

Step 2 배경 음악과 클립 맞추기

03 삽입한 음악의 일부를 자르고 새로운 음악 파일을 추가하기 위해 일곱 번째 클립을 선택하고 중간 지점까지 드래그한 후 [음악 도구-옵션] 탭의 [편집] 그룹에서 [종료 지점 설정](종료 지점 설정)을 클릭합니다.

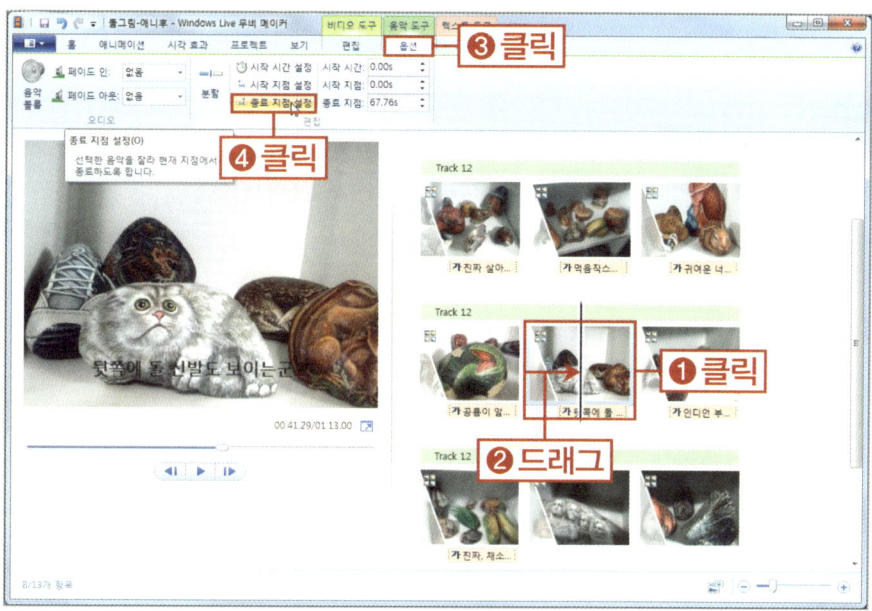

04 선택한 클립의 중간 지점이 배경 음악의 종료 지점이 되고 나머지 부분의 음악은 제거됩니다.

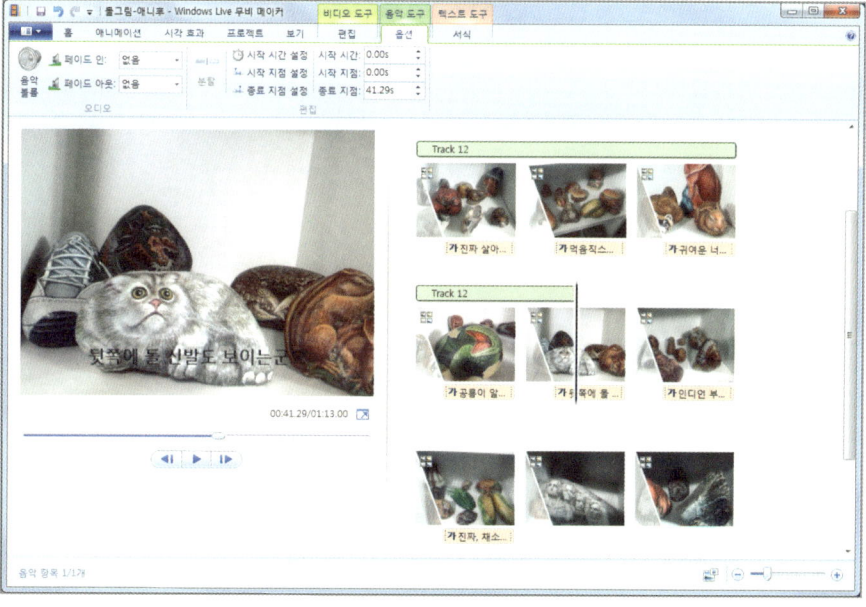

15장. 배경 음악 삽입하기 | 81

05 이번에는 [홈] 탭의 [추가] 그룹에서 [음악 추가]의 아랫부분(음악추가▼)을 클릭하여 [현재 지점에서 음악 추가]를 선택합니다. [음악 추가] 대화상자가 나타나면 새롭게 추가할 음악을 선택한 후 [열기]를 클릭합니다.

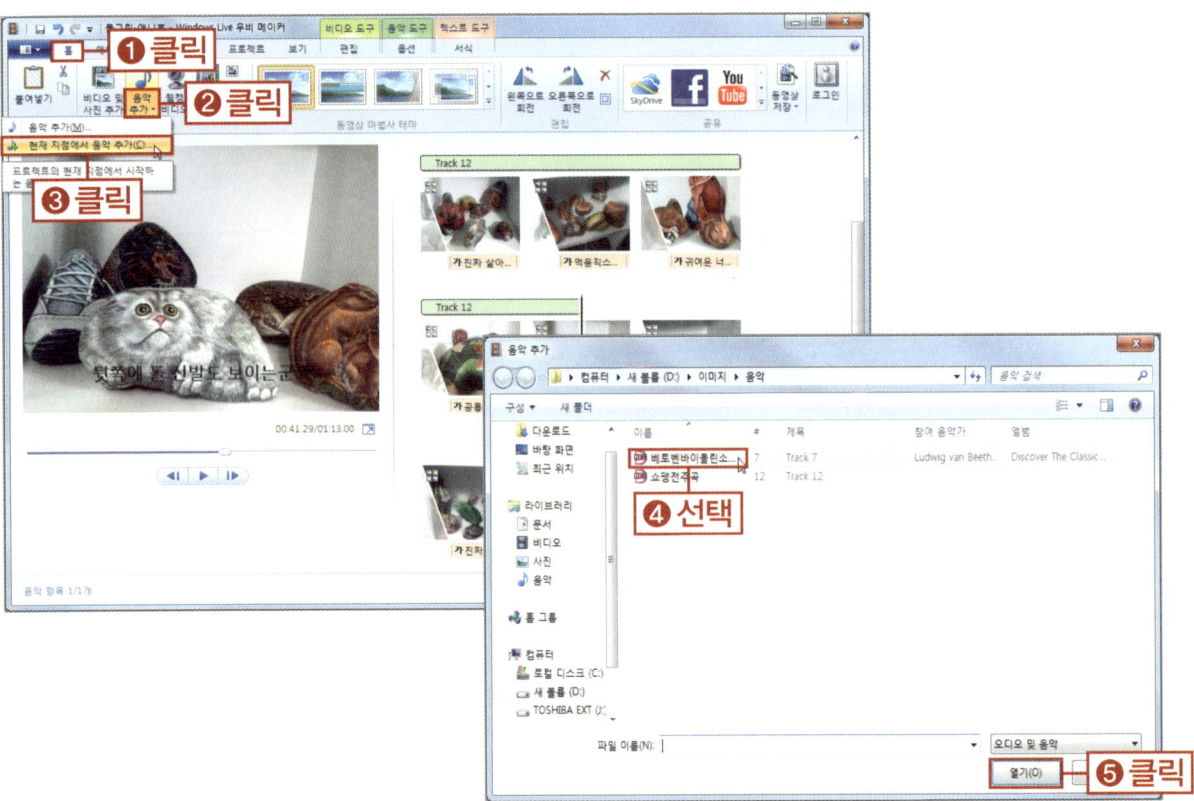

06 음악이 끝났던 시점에 새로운 음악이 삽입됩니다. 이처럼 하나의 동영상에 여러 개의 음악 파일을 삽입할 수 있습니다. 파일을 '돌그림-애니후-음악'으로 저장합니다.

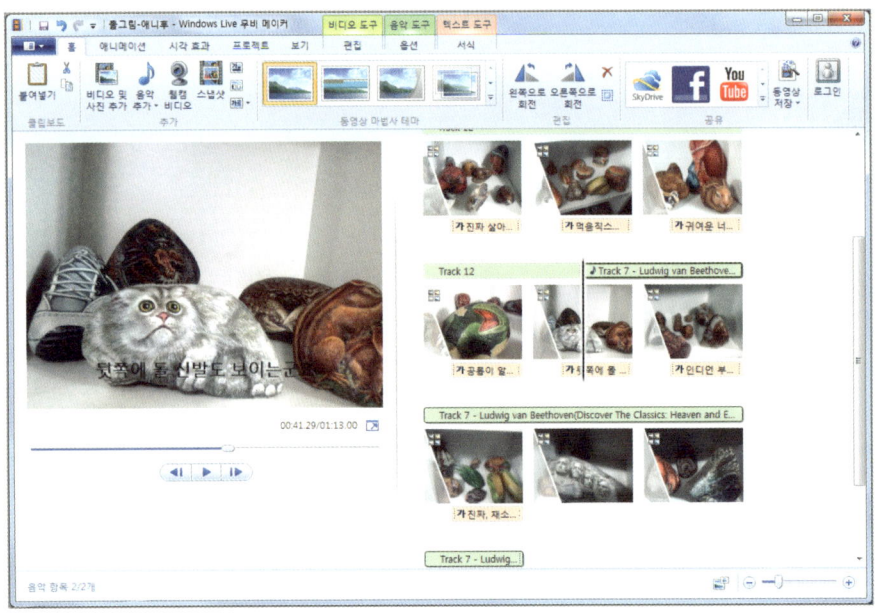

> **TIP** 삽입한 음악 파일의 정확한 종료 지점을 지정할 때는 [음악 도구-옵션] 탭의 [편집] 그룹에서 [종료 지정] 항목의 ⬢을 클릭하여 지정합니다.
>
>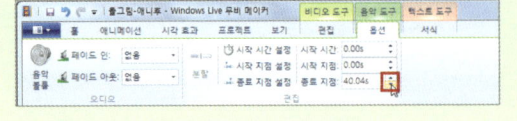

82 | 눈이 편한 **동영상 제작+편집**

연습문제

01 예제 파일(궁-애니효과.wlmp)을 불러온 후 음악 파일(otonal.mp3)을 배경 음악으로 삽입해 보세요.

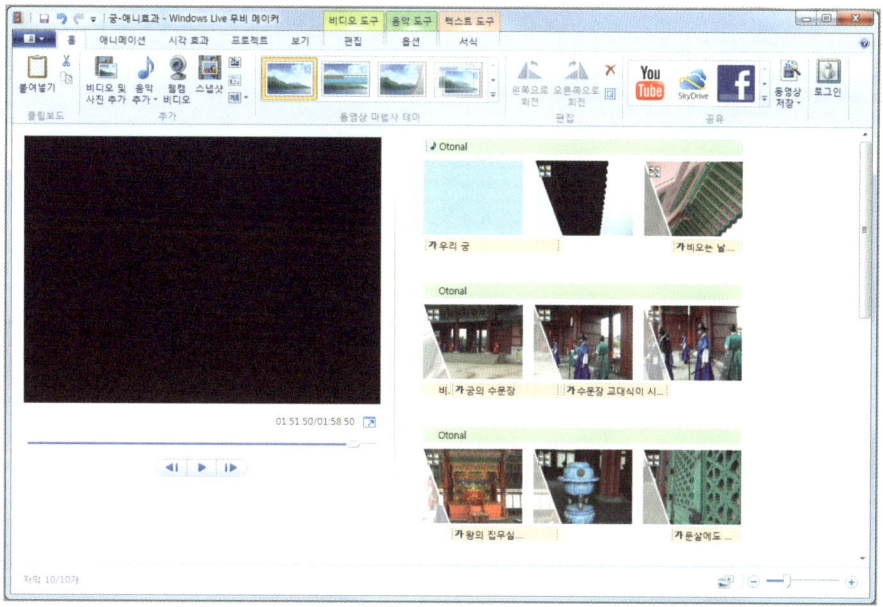

02 예제 파일(꽃-애니효과.wlmp)을 불러온 후 음악 파일(쇼팽전주곡.mp3)을 배경 음악으로 삽입해 보세요.

동영상 제작 + 편집 ○ 준비파일 : 돌그림-애니후-음악.wlmp

배경 음악 편집하기

동영상 배경에 삽입한 음악 파일은 사용자가 원하는 위치에서 여러 개로 분할하거나 페이드 인/아웃과 같이 소리가 점점 커지거가 작아지는 효과를 적용할 수 있습니다. 또한, 음악 파일의 길이에 맞춰 동영상의 재생 시간을 늘려주거나 줄여줄 수도 있습니다.

│ 이런걸 배워요! │ 음악 분할, 페이드 인/아웃, 재생 시간 음악에 맞추기

미 리 보 기

 ## 음악 분할하고 볼륨 조정하기

01 첫 번째 삽입된 음악의 중간 정도 지점을 드래그하여 선택하고 [음악 도구-옵션] 탭의 [편집] 그룹에서 [분할](▬)을 클릭합니다.

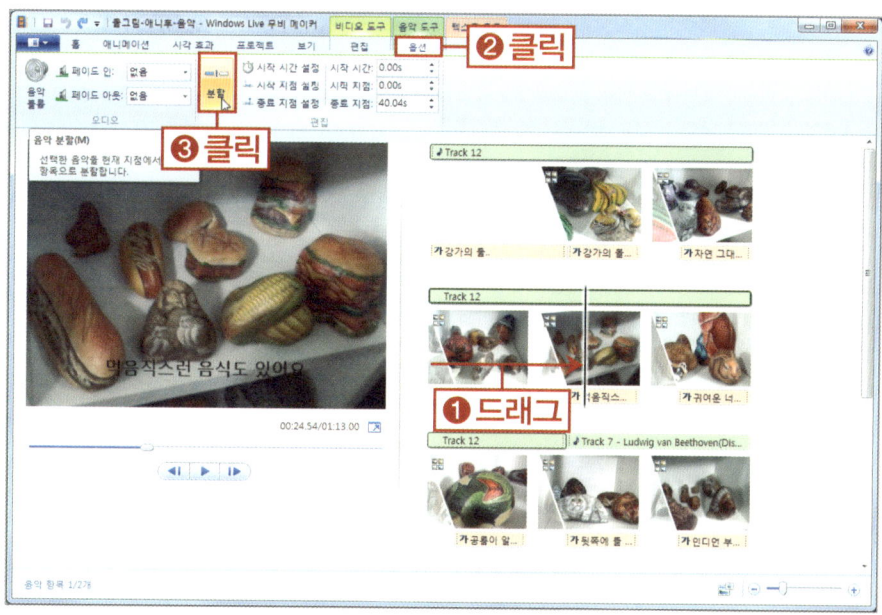

02 현재의 지점에서 하나의 음악이 두 개로 분리된 것을 확인할 수 있습니다.

> **TIP** 초록색 띠의 음악 클립에서 ♪ 표시는 독립된 음악 파일임을 나타내는 아이콘입니다.

03 첫 번째 음악 파일을 선택하고 [음악 도구-옵션] 탭의 [음악 볼륨](◉)을 클릭한 후 볼륨을 낮게 조절합니다. 조절한 음악 볼륨은 새로운 음악 파일이 시작될 때까지 지속됩니다.

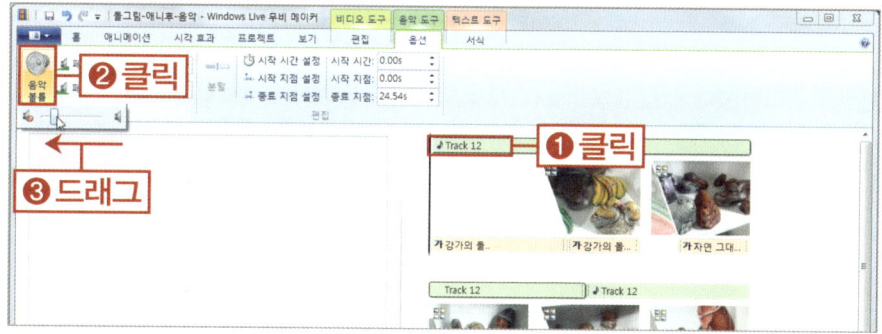

16장. 배경 음악 편집하기 | **85**

Step 2 페이드 인과 페이드 아웃 효과 지정하기

04 다음과 같이 'Track 7'이라고 표시된 음악 파일을 선택한 후 [음악 도구-옵션] 탭의 [오디오] 그룹에서 [페이드 인]의 목록 단추(▼)를 클릭하여 [보통]을 선택합니다.

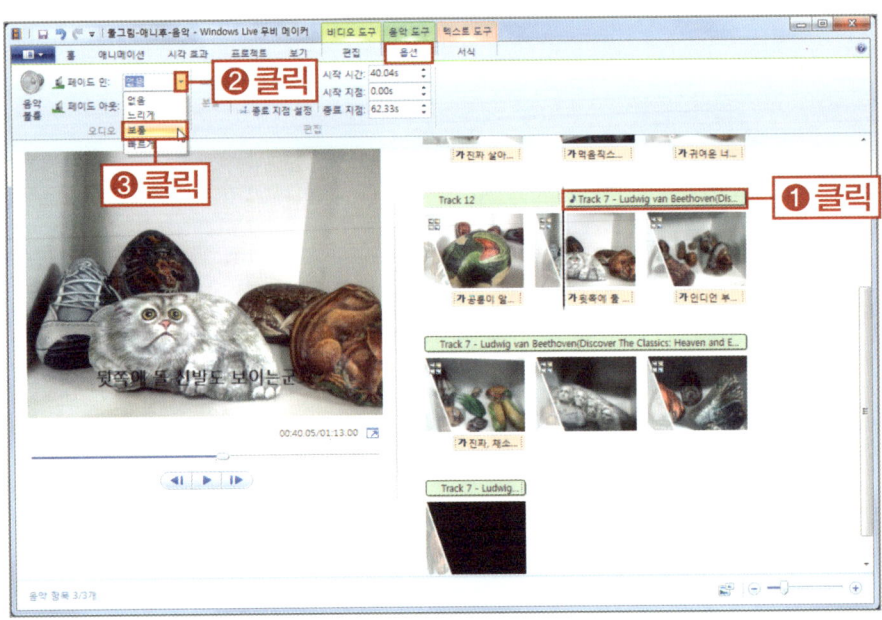

05 이번에는 [음악 도구-옵션] 탭의 [오디오] 그룹에서 [페이드 아웃]의 목록 단추(▼)를 클릭한 후 목록에서 [느리게]를 선택합니다.

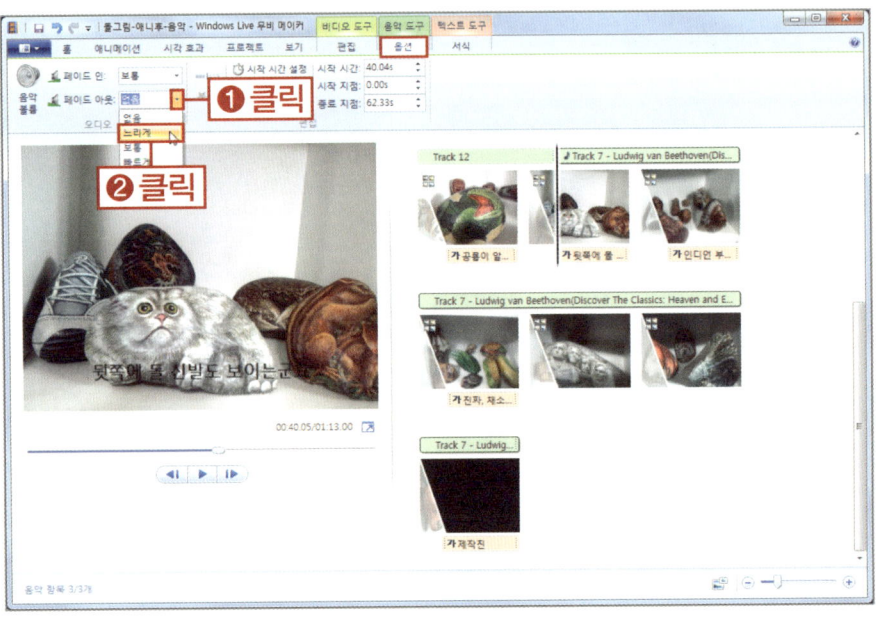

> **TIP** [재생](▶) 단추를 클릭하면 'Track 7' 음악 파일의 재생이 시작될 때 점점 작은 소리에서 큰 소리로 변화하는 페이드 인 효과가 적용되고 반대로 음악이 끝날 때는 볼륨이 점점 작아지는 페이드 아웃 효과가 적용됩니다.

Step 3 재생 시간을 음악에 맞추기

06 재생 창에서 동영상의 총 재생 시간을 확인한 후 [프로젝트] 탭의 [오디오] 그룹에서 [음악에 맞추기]()를 클릭합니다.

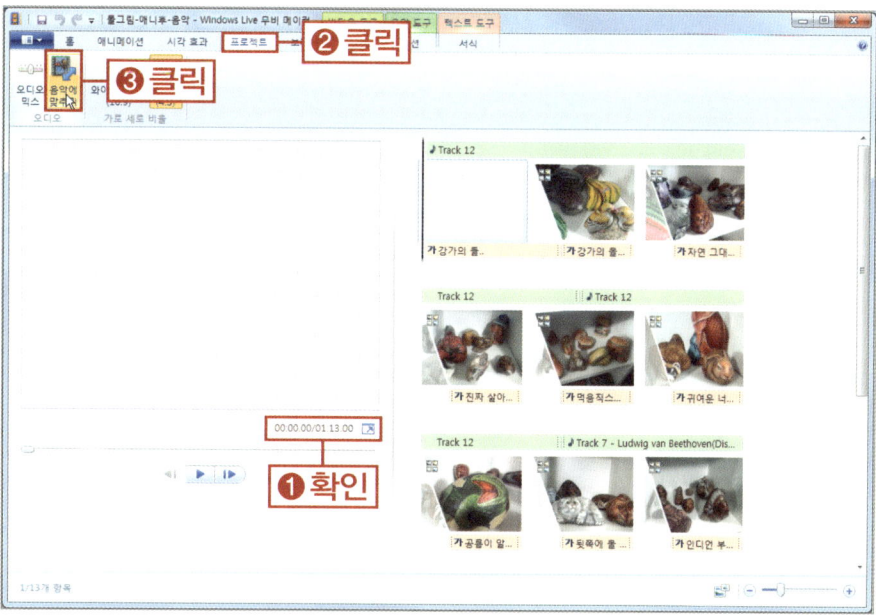

> **TIP** 음악 클립의 재생 시간이 동영상 재생 시간보다 길 경우 동영상 재생 시간에 맞춰 음악은 중간에 끊어지게 되지만 [음악에 맞추기]()를 클릭하면 음악의 길이에 맞춰 동영상 재생 시간이 늘어나게 됩니다.

07 재생 창에서 동영상 재생 시간을 확인하면 음악 파일의 재생 시간에 맞춰 동영상 재생 시간이 늘어난 것을 확인할 수 있습니다.

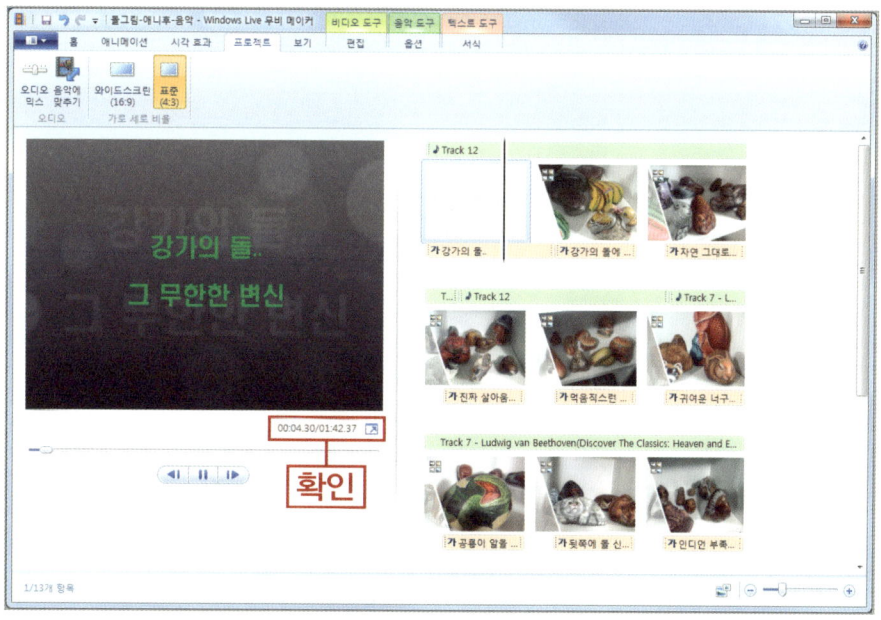

> **TIP** [프로젝트] 탭의 [오디오] 그룹에서 [오디오 믹스]( )를 클릭하면 비디오 자체의 소리와 음악 파일의 볼륨을 조절할 수 있습니다. 비디오 볼륨을 더 크게 하거나 음악의 볼륨을 상대적으로 크게 하는 등 오디오를 조절할 때 사용합니다.

16장. 배경 음악 편집하기 | **87**

연습문제

01 배경 음악으로 삽입된 음악 파일(쇼팽전주곡.mp3)을 두 개의 배경 음악으로 분할한 후 각각의 음악에 페이드 인/아웃 효과를 지정해 보세요.

02 배경 음악으로 삽입된 음악 파일(otonal.mp3)의 중간 지점(49초 지점)을 '시작 지점'으로 설정하고 다시 49초 지점을 선택한 후 현재 지점에 새로운 음악 파일을 추가해 보세요.

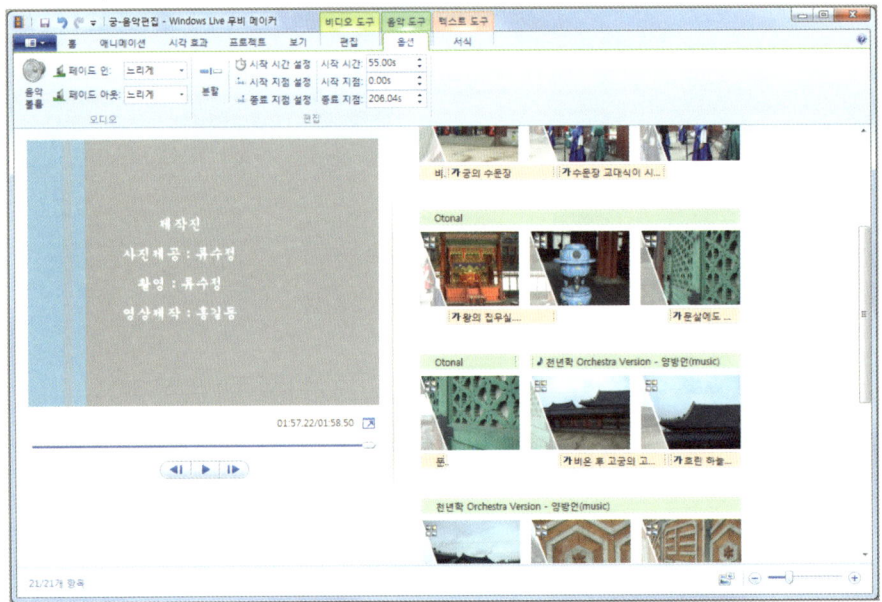

동영상 제작 + 편집

17장 완성된 작품 동영상으로 저장하기

무비 메이커에서 작업한 프로젝트 파일은 내 블로그나 동영상 사이트에 업로드할 수 없습니다. 프로젝트 파일을 인터넷이나 휴대폰 등에서 재생 가능한 동영상 파일 형식으로 변환해 주어야 합니다. 지금까지 제작한 프로젝트 파일을 동영상 파일로 저장하는 방법에 대해 알아보도록 합니다.

| 이런걸 배워요! | 동영상 품질, 동영상 저장, 저장 동영상 확인

다양한 품질로 동영상 저장하기

01 동영상을 완성한 후 [홈] 탭의 [공유] 그룹에서 [동영상 저장]( )의 아랫부분 ( )을 클릭하여 [고해상도 디스플레이용]을 선택합니다.

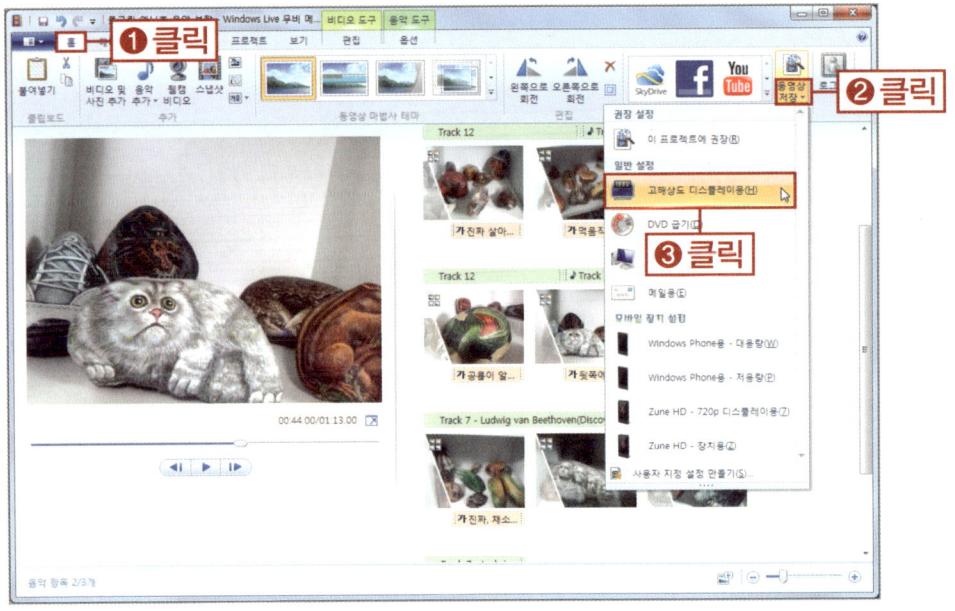

> **TIP** 무비 메이커의 를 클릭하고 [동영상 저장]-[고해상도 디스플레이용]를 선택해도 동영상 저장이 가능합니다.

02 [동영상 저장] 대화상자가 나타나면 파일 이름을 입력한 후 [저장]을 클릭합니다.

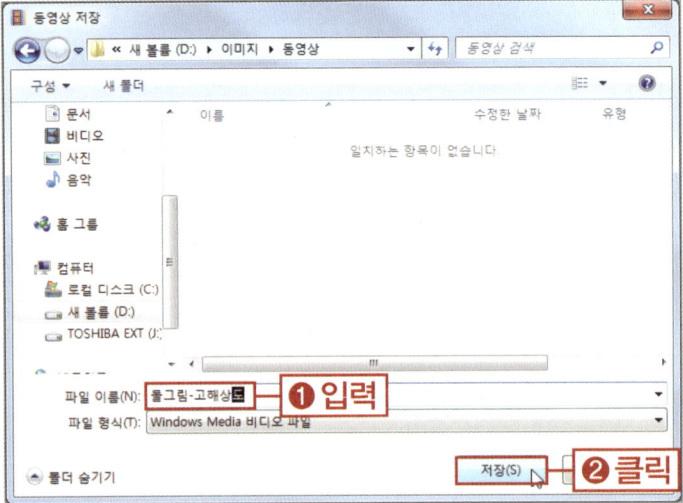

90 | 눈이 편한 **동영상 제작+편집**

03 동영상이 저장되는 과정이 진행된 후 동영상 저장 완료 메시지 창이 나타나면 [닫기]를 클릭합니다.

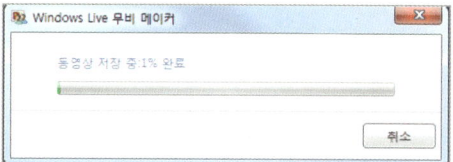
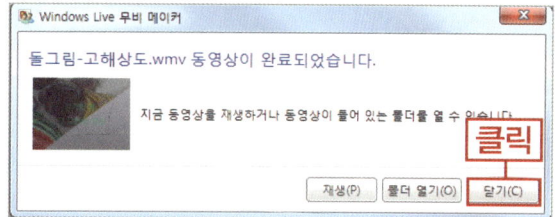

04 같은 방법으로 [홈] 탭의 [공유] 그룹에서 [동영상 저장](　)의 아랫부분(　)을 클릭하여 [컴퓨터용]과 [메일용]으로 동영상을 각각 저장합니다.

05 윈도우 탐색기를 실행하여 세 종류로 저장한 동영상의 크기를 비교합니다.

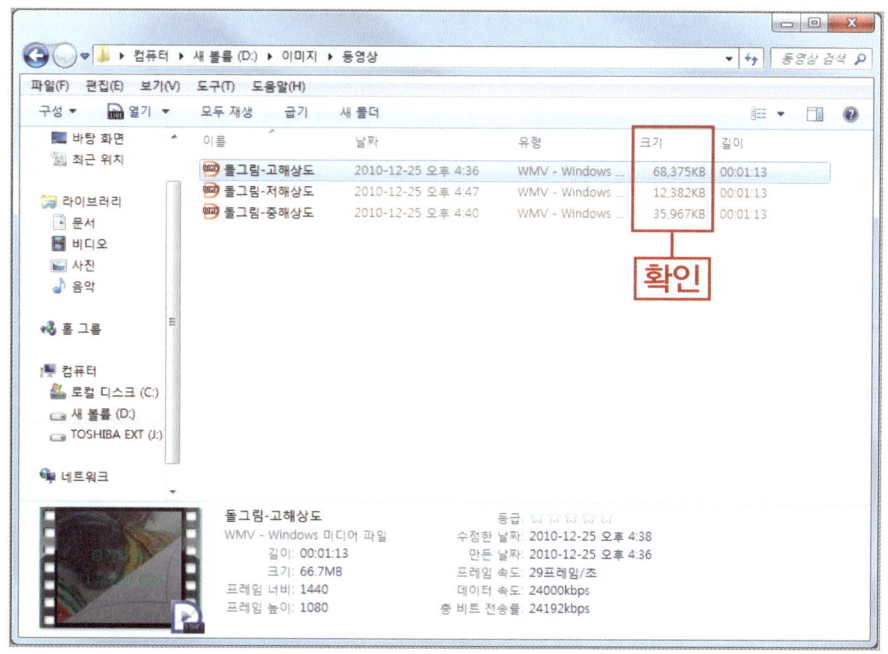

TIP 저장한 동영상은 *.wmv 형식의 파일로 저장됩니다.

 **저장한 동영상 확인하기**

06 윈도우 탐색기에서 실행하려는 동영상을 선택하고 마우스 오른쪽 단추를 클릭한 후 [연결 프로그램]을 선택하면 내 컴퓨터에서 사용할 수 있는 동영상 플레이어의 목록이 나타납니다. 그 중 [Windows Media Player]를 클릭합니다.

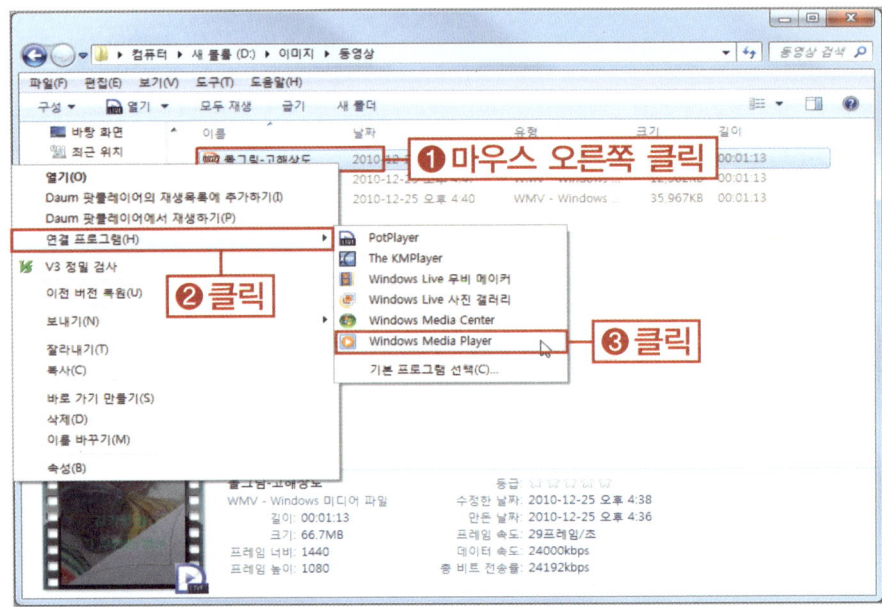

07 윈도우 미디어 플레이어 프로그램이 실행되면서 선택한 동영상이 재생됩니다.

08 동영상 파일로 저장된 파일은 윈도우 무비 메이커에서 비디오 클립으로 추가할 수 있습니다. [홈] 탭의 [추가] 그룹에서 [비디오 및 사진 추가](📷)를 클릭합니다. [비디오 및 사진 추가] 대화상자가 나타나면 저장한 동영상 파일을 선택한 후 [열기]를 클릭합니다.

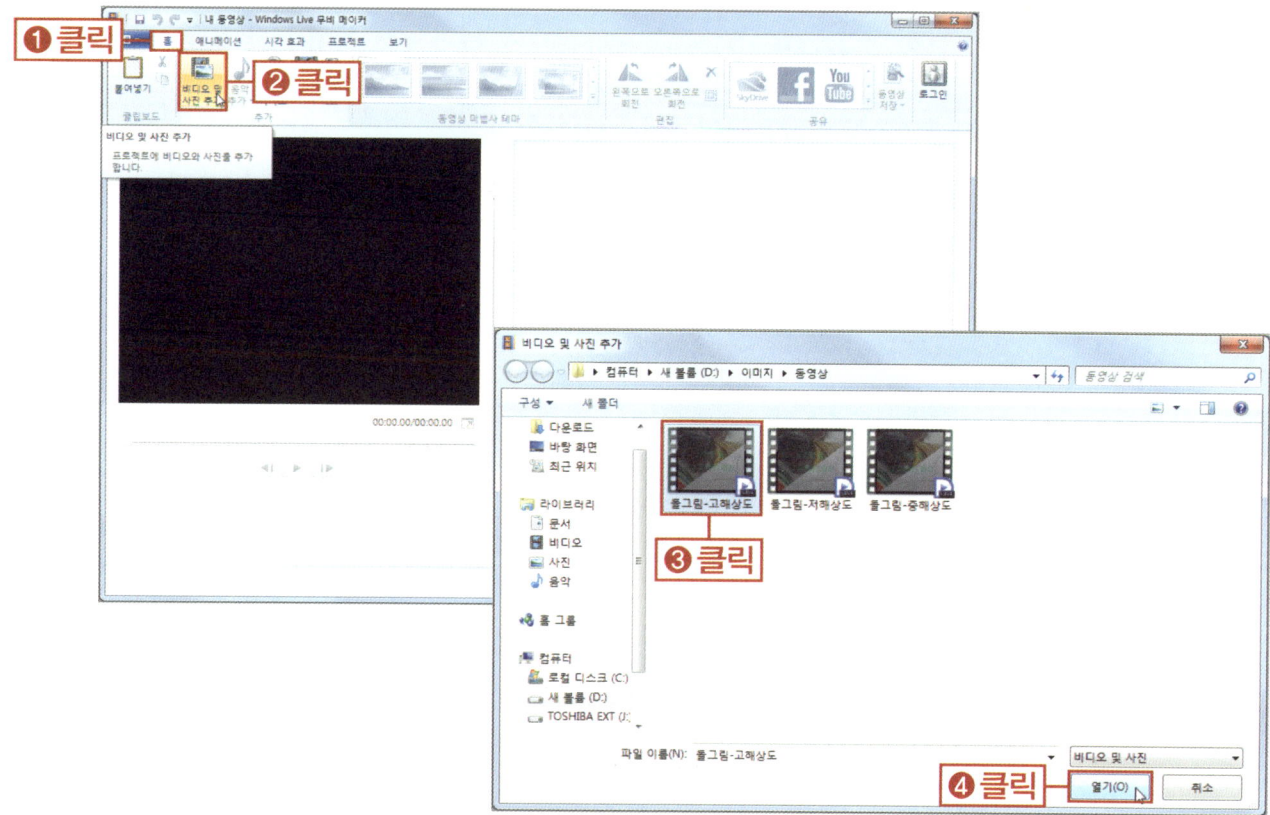

09 동영상으로 저장했던 비디오 클립이 작업 영역에 추가됩니다. 프로젝트 파일이 아닌 동영상 파일로 저장된 비디오 클립은 자막이나 음악 등을 편집할 수 없습니다.

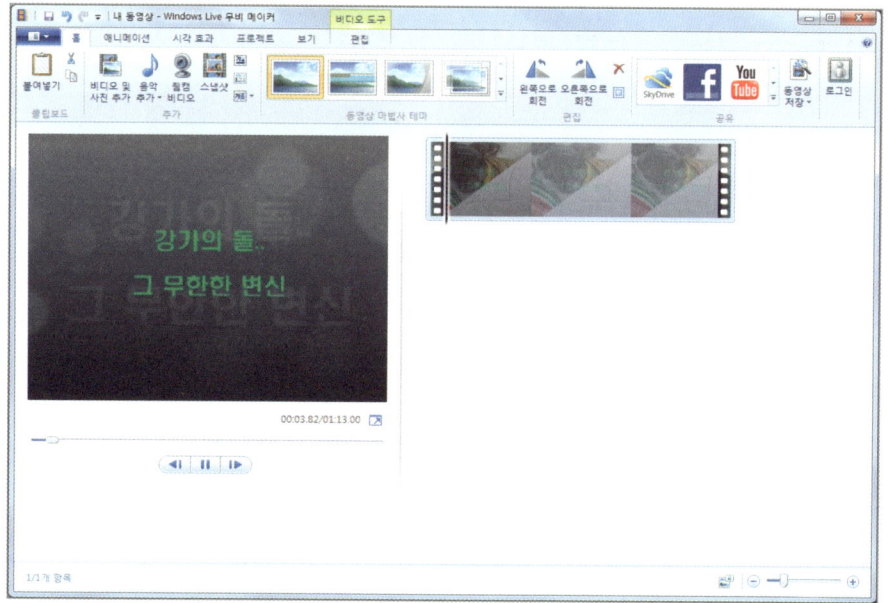

연습문제

01 음악 편집이 끝난 프로젝트 파일을 열고 '컴퓨터용'의 동영상 파일로 저장한 후 윈도우 미디어 플레이어에서 감상해 보세요.

02 음악 편집이 끝난 프로젝트 파일을 열고 '고해상도 디스플레이용'의 동영상 파일로 저장한 후 윈도우 미디어 플레이어에서 감상해 보세요.

18장. 비디오 클립으로 동영상 제작하기

동영상 제작 + 편집

준비파일 : 야생.wmv, 애완견.avi

지금까지 디카나 휴대폰으로 촬영한 사진을 여러 장 이어서 효과를 주고 음악을 삽입하여 동영상을 완성했다면 이번에는 비디오 클립을 무비 메이커에 삽입하여 비디오를 편집하고 수정해 원하는 동영상을 제작해 보도록 합니다.

│이런걸 배워요!│ 비디오 클립 추가, 비디오 클립 분할

미리보기

Step 1 비디오 클립 추가하기

01 [홈] 탭의 [추가] 그룹에서 [비디오 및 사진 추가]()를 클릭합니다. [비디오 및 사진 추가] 대화상자가 나타나면 '야생' 동영상을 선택한 후 [열기]를 클릭합니다.

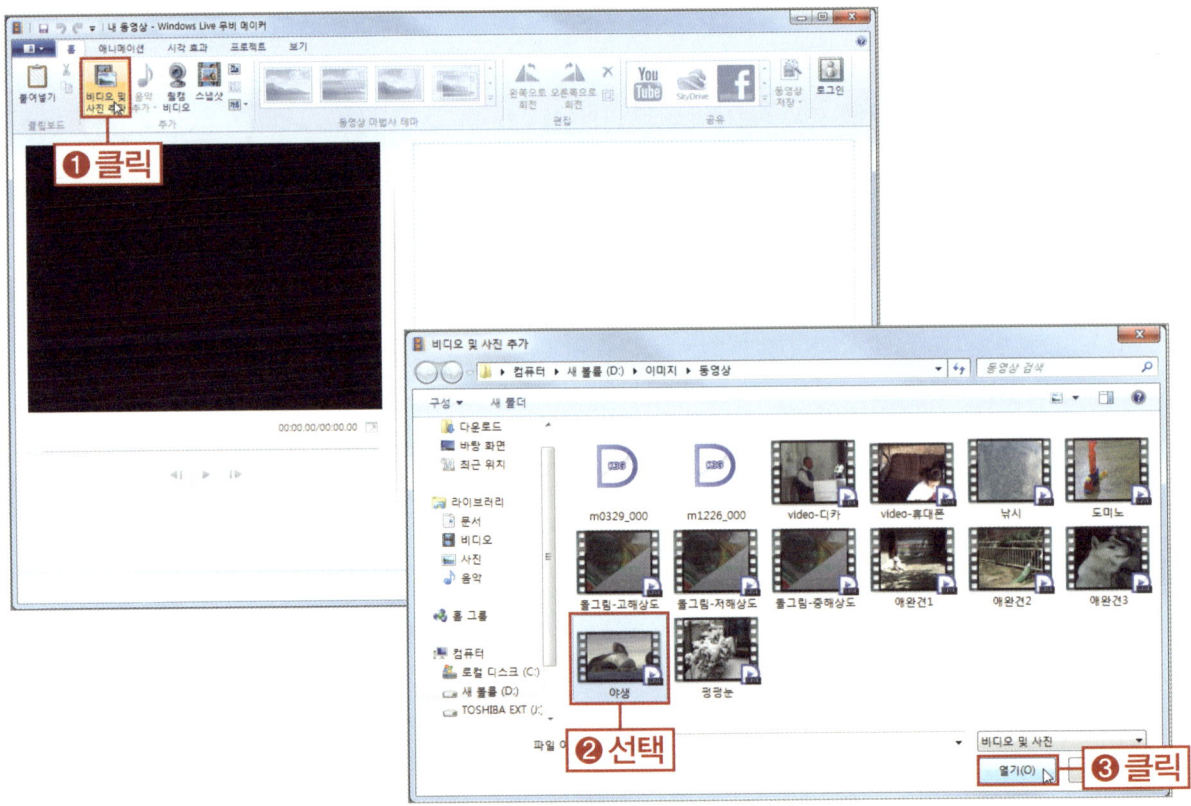

> **TIP** 내 컴퓨터에 보관된 동영상 파일을 선택하여 사용합니다.

02 무비 메이커 작업 영역에 비디오 클립이 추가됩니다.

> **TIP** 비디오 클립은 사진 클립과 달리 클립의 좌우에 필름 모양의 틀이 나타납니다.

Step 2 비디오 클립 분할하기

03 비디오 클립에서 분할하려는 위치를 드래그하여 선택하고 [비디오 도구-편집] 탭의 [편집] 그룹에서 [분할]()을 클릭합니다.

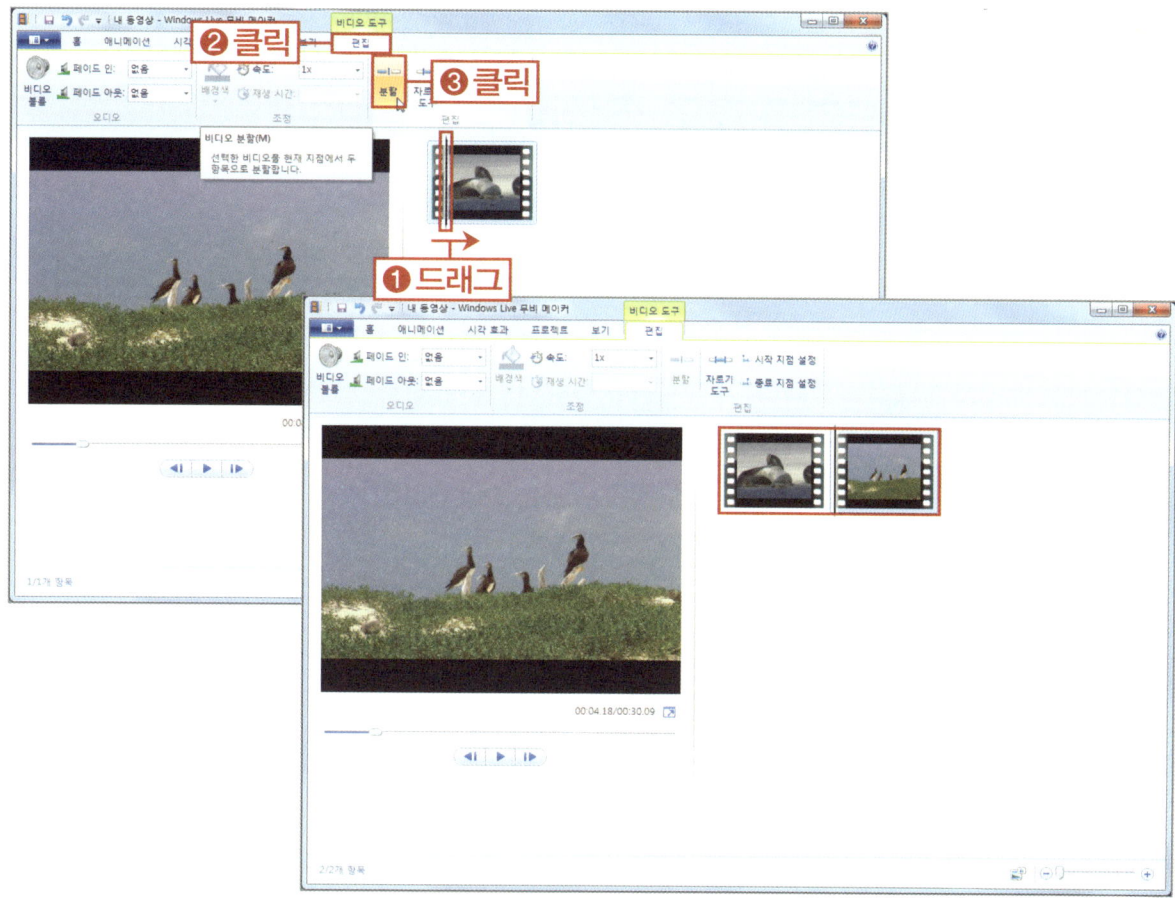

04 같은 방법으로 다음과 같이 여러 개의 비디오 클립으로 분할한 후 마지막 클립을 선택하고 [홈] 탭의 [추가] 그룹에서 [비디오 및 사진 추가]()를 클릭합니다.

18장. 비디오 클립으로 동영상 제작하기 | 97

05 [비디오 및 사진 추가] 대화상자가 나타나면 새롭게 추가할 '애완견2' 동영상을 선택한 후 [열기]를 클릭합니다.

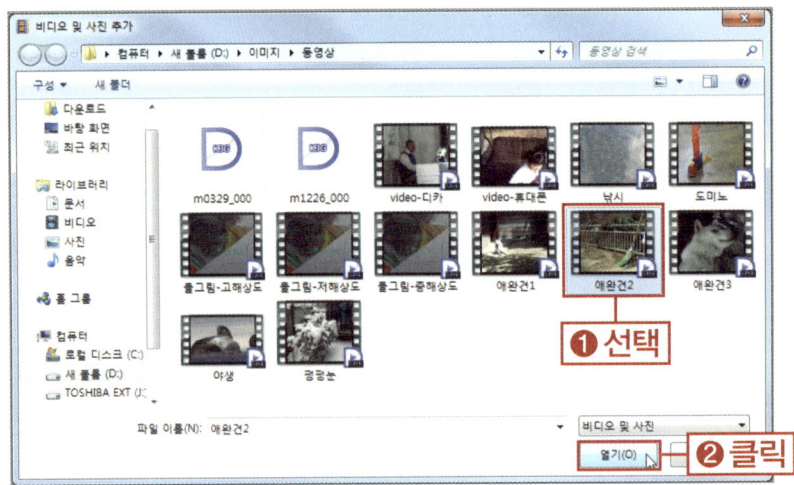

06 선택한 동영상이 비디오 클립으로 마지막에 추가됩니다. 추가한 비디오 클립에서 필요 없는 앞부분을 삭제하기 위해 동영상의 삭제 지점을 드래그하여 선택하고 [비디오 도구-편집] 탭의 [편집] 그룹에서 [시작 지점 설정](시작 지점 설정)을 클릭합니다.

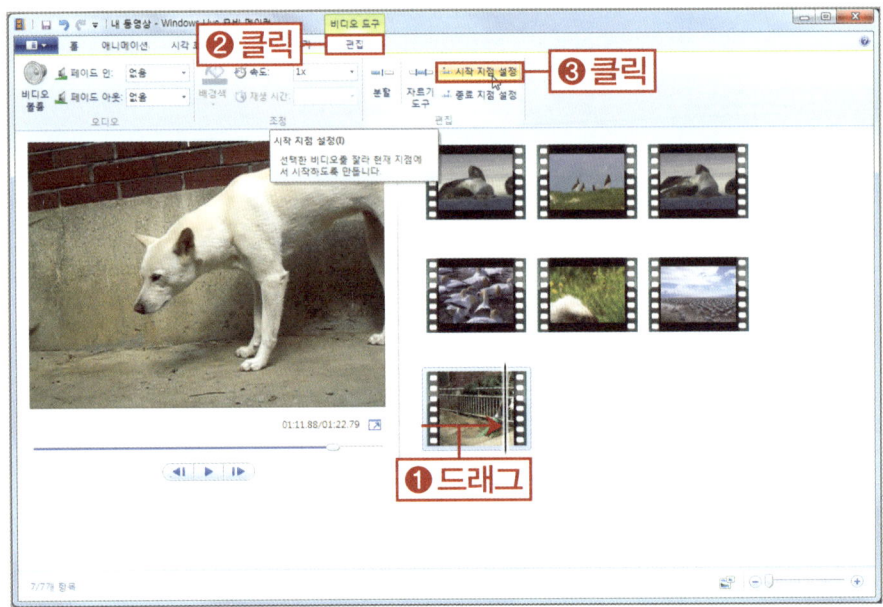

07 현재 지점의 앞부분이 삭제되면서 추가한 동영상 중에서 필요한 부분만 남게 됩니다.

연습문제

01 동영상 클립을 추가한 후 원하는 위치에서 동영상을 분할해 보세요. ('애완견' 클립을 추가한 후 두 개의 동영상으로 분할하고 다시 '애완견2' 클립을 추가하고 추가된 '애완견2' 클립을 두 개의 동영상으로 분할합니다.)

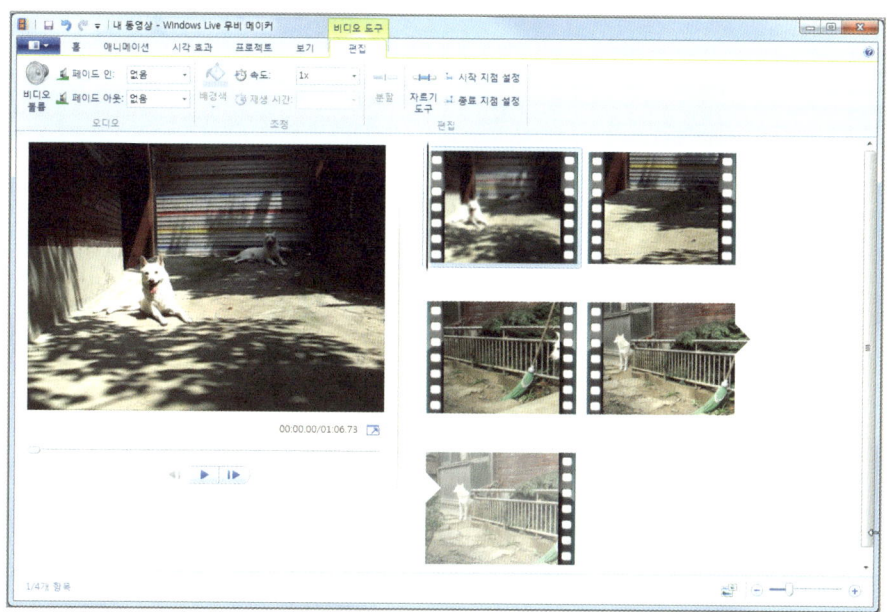

02 동영상 클립을 추가한 후 원하는 위치에서 동영상을 분할해 보세요.

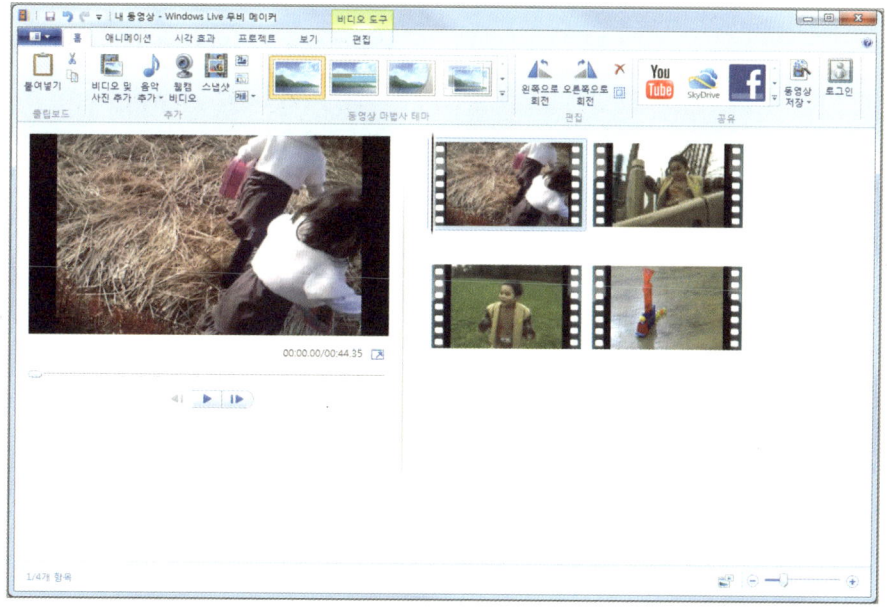

18장. 비디오 클립으로 동영상 제작하기 | 99

동영상 제작 + 편집

비디오 클립에 자막과 제목 넣기

비디오 클립에도 사진 클립에서와 마찬가지로 자막과 제목, 제작진 클립을 삽입할 수 있습니다. 동영상을 촬영한 후 자막을 입력하고 제목 클립을 삽입하면 좀 더 전문적이고 멋진 동영상을 제작할 수 있습니다. 동영상이 재생될 때 특정 장면을 캡처하는 스냅샷과 함께 비디오 클립에 자막과 제목을 추가하는 방법에 대해 알아보도록 합니다.

│ 이런걸 배워요! │ 비디오 클립에 자막/제목/제작진 추가

미 리 보 기

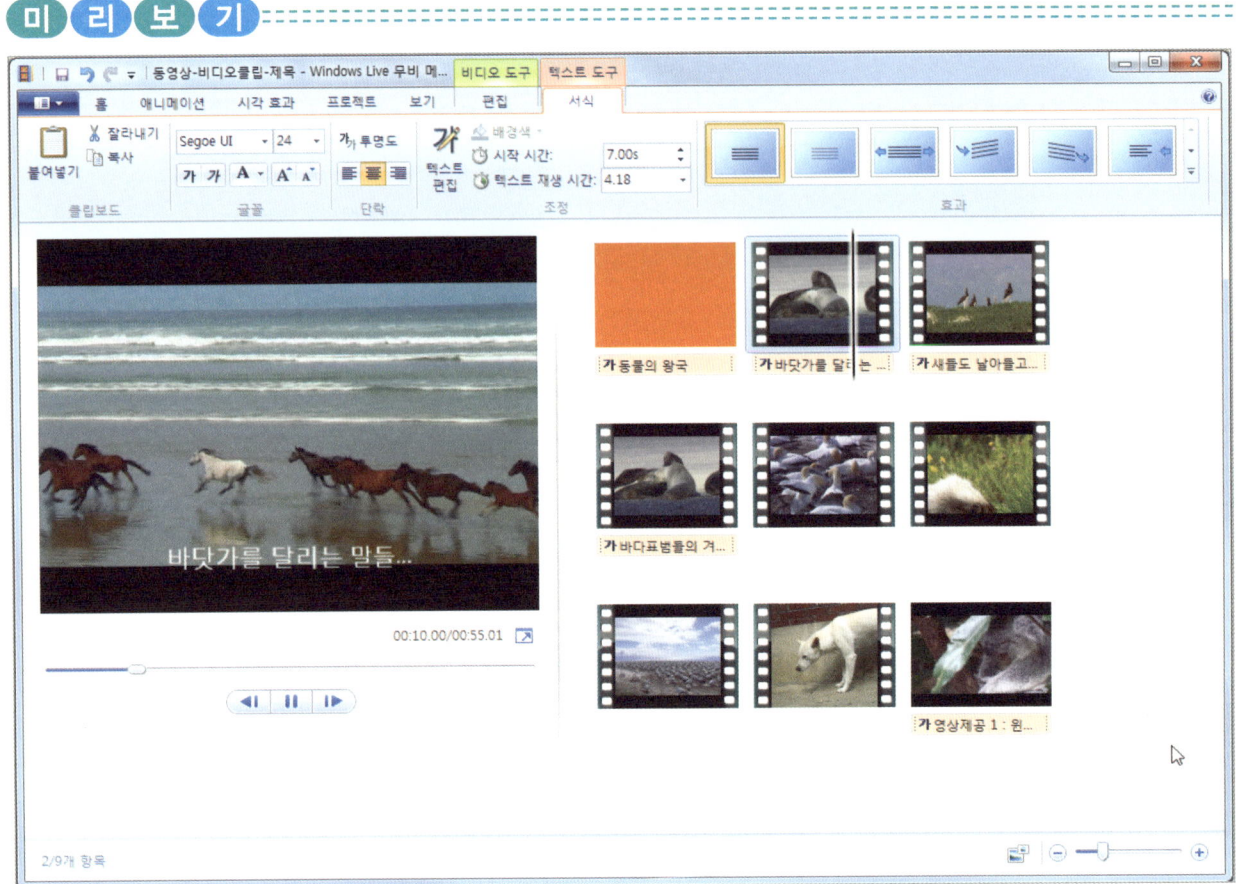

Step 1 스냅샷 추가하고 비디오 클립 제목 넣기

01 동영상을 재생시킨 후 [홈] 탭의 [추가] 그룹에서 [스냅샷]()을 클릭합니다.

02 [스냅샷 이미지 저장] 대화상자가 나타나면 [저장]을 클릭합니다. 현재 위치의 정지 화면이 저장되면서 비디오 클립 사이에 스냅샷 화면이 추가됩니다.

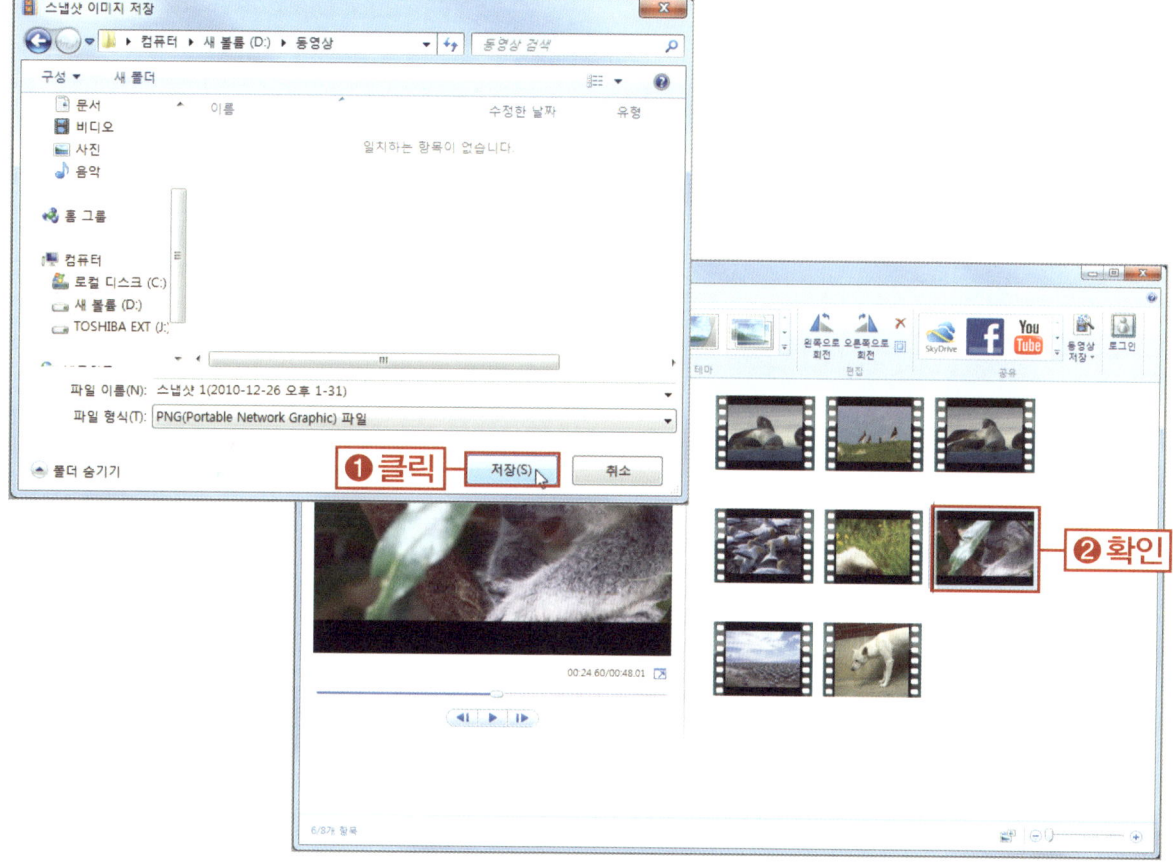

03 추가된 스냅샷을 마우스로 드래그하여 가장 뒤쪽으로 이동시킵니다.

04 첫 번째 클립을 선택하고 [홈] 탭의 [추가] 그룹에서 [제목 추가](🎬)를 클릭합니다. 제목을 입력하고 제목 클립의 배경과 효과를 지정합니다.

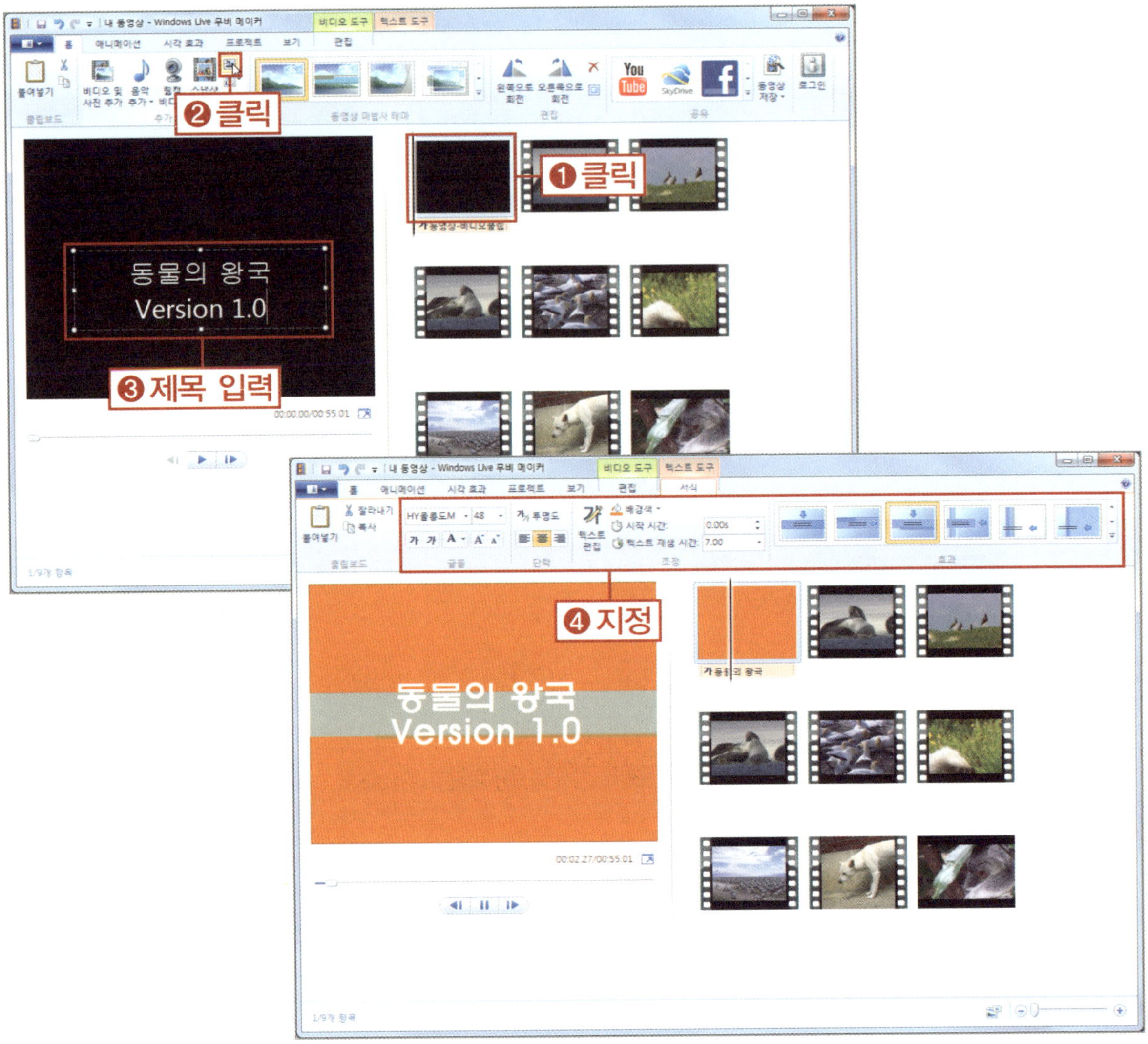

Step 2 비디오 클립에 자막 넣기

05 마지막에 추가된 스냅샷 이미지를 선택하고 [홈] 탭의 [추가] 그룹에서 [자막 추가]()를 클릭합니다. 다음과 같이 자막을 입력한 후 자막의 텍스트 색상을 변경합니다.

06 삽입한 자막에 효과를 지정하기 위해 [텍스트 도구-서식] 탭의 [효과] 그룹에서 [자세히](▼)를 클릭한 후 자막 효과를 지정합니다.

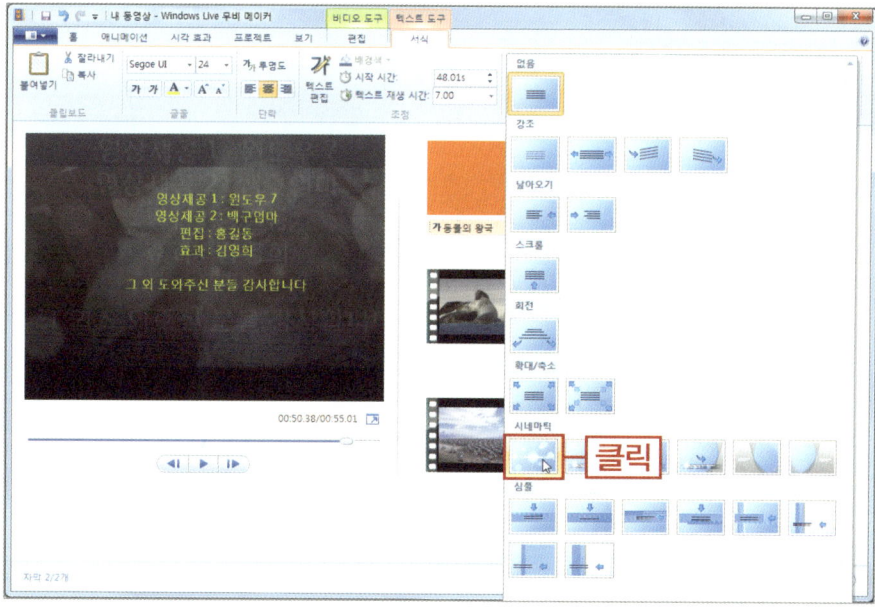

07 이번에는 제목 클립 다음의 비디오 클립을 선택한 후 [홈] 탭의 [추가] 그룹에서 [자막 추가](🖻)를 클릭합니다. 자막 텍스트 상자가 나타나면 다음과 같이 자막을 추가합니다.

08 같은 방법으로 나머지 비디오 클립에도 자막을 추가합니다. [재생](▶) 단추를 클릭하면 비디오 클립의 재생 시간만큼 자막이 표시되는 것을 확인할 수 있습니다. 파일을 '동영상-비디오클립-제목'으로 저장합니다.

연습문제

01 예제 파일을 불러온 후 스냅샷으로 추출한 사진 클립을 마지막에 추가해 보세요.

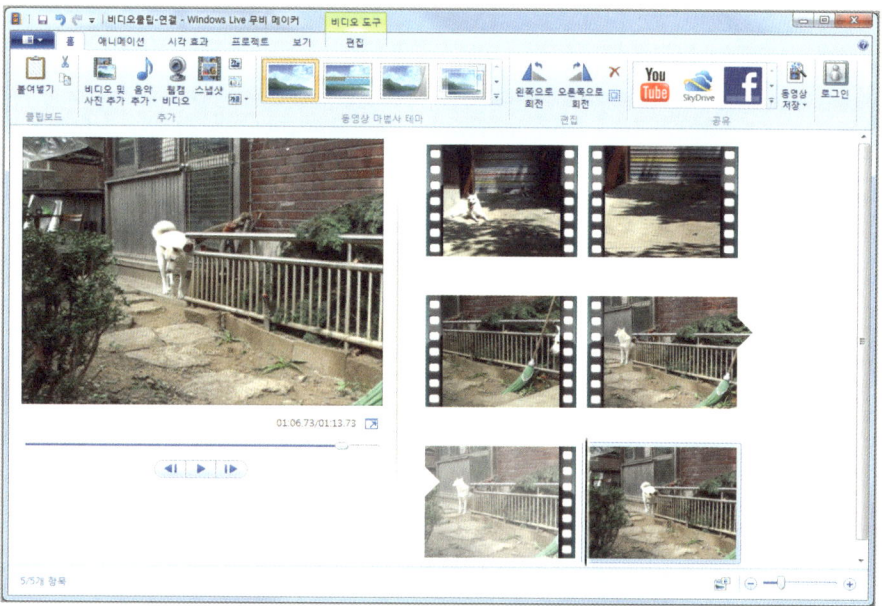

02 예제 파일을 불러온 후 비디오 클립에 자막과 제목을 삽입하고 제목 클립에 다음과 같은 효과를 지정해 보세요.

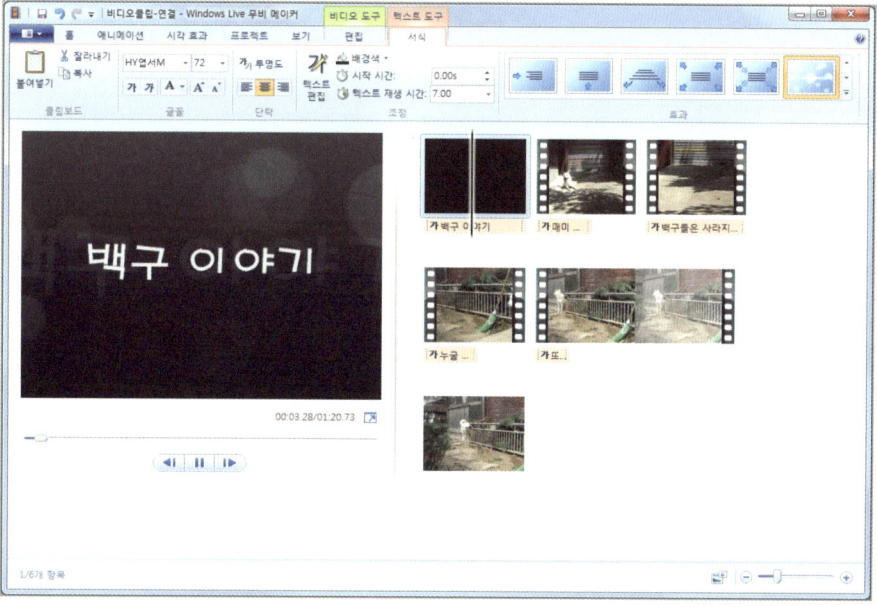

동영상 제작 + 편집   ○ 준비파일 : 동영상-비디오클립-제목.wlmp

비디오 클립에 다양한 효과 주기

비디오 클립을 추가해 동영상을 제작할 때도 사진 클립으로 제작할 때와 마찬가지로 클립에 다양한 애니메이션 효과를 지정할 수 있습니다. 장면과 장면 사이의 전환 효과와 장면 내의 이동 및 확대/축소 효과, 비디오의 재생 속도를 느리게 혹은 빠르게 조절하는 방법에 대해 알아봅니다.

│ 이런걸 배워요! │ 비디오 클립 장면 전환, 재생 속도 조절, 음악 파일 삽입

미 리 보 기

 ## 재생 속도 조정하기

01 작업 영역의 클립 중 비디오 클립을 모두 선택한 후 [비디오 도구-편집] 탭의 [조정] 그룹에서 [속도]()의 목록 단추를 클릭하여 [0.25x]를 선택합니다.

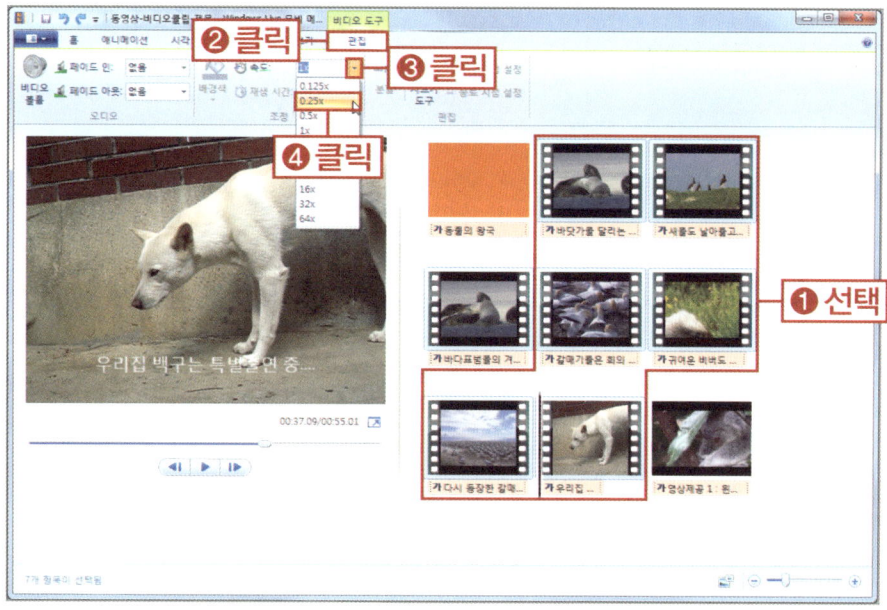

> **TIP** 여러 개의 클립을 선택할 때는 키보드의 Shift 혹은 Ctrl 을 누른 상태에서 원하는 클립을 클릭합니다.

02 [재생](▶) 단추를 클릭하면 비디오 클립의 재생 속도가 현재 속도보다 4배 느려진 것을 확인할 수 있습니다.

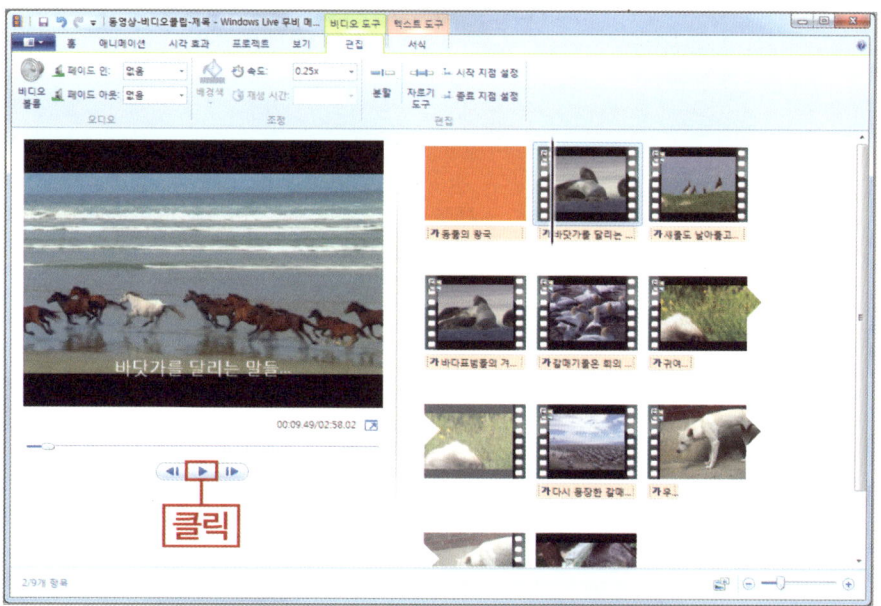

03 비디오의 재생 속도 조절로 비디오 재생 시간은 늘어났지만 자막 재생 시간은 그대로입니다. 자막을 클릭한 후 [텍스트 도구-서식] 탭의 [조정] 그룹에서 [텍스트 재생 시간]을 다음과 같이 지정합니다.

04 자막의 재생 시간 조절이 필요한 클립의 [텍스트 재생 시간]을 모두 조정합니다.

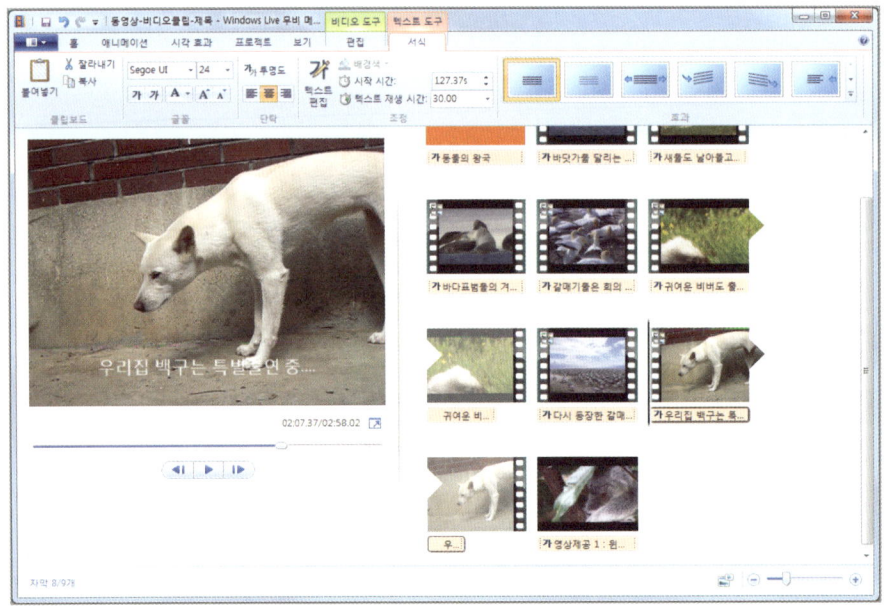

> **TIP** [재생](▶) 단추를 클릭하면 자막 재생 시간이 늘어난 것을 확인할 수 있습니다.

Step 2 전환 효과 지정하기

05 비디오 클립 사이에 전환 효과를 지정하기 위해 비디오 클립을 모두 선택합니다. [애니메이션] 탭의 [전환] 그룹에서 [자세히](▼)를 클릭한 후 [조각내기(안으로)]를 선택합니다.

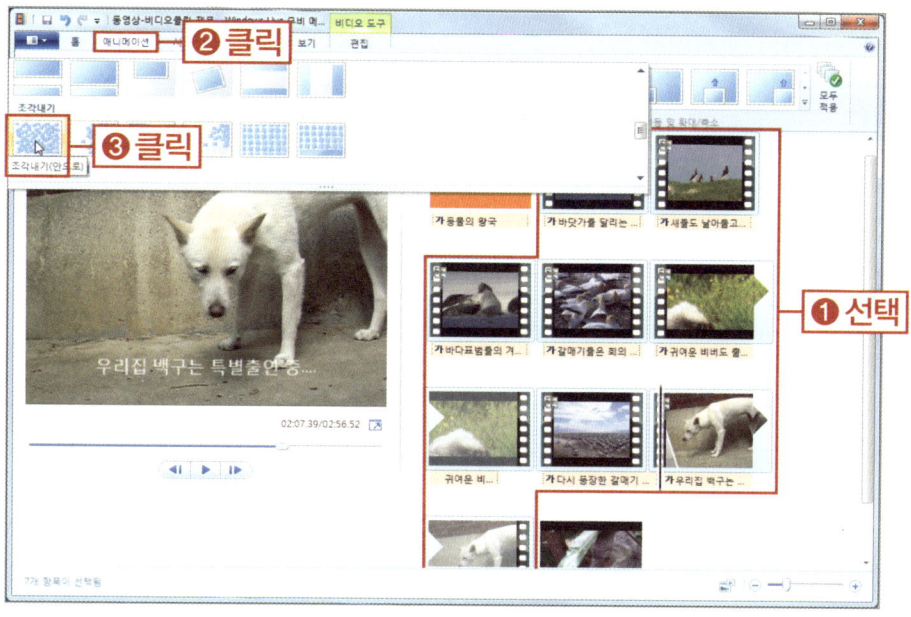

06 비디오 클립의 선택을 그대로 두고 [애니메이션] 탭의 [이동 및 확대/축소] 그룹에서 [자세히](▼)를 클릭하여 [위로 확대]를 선택합니다.

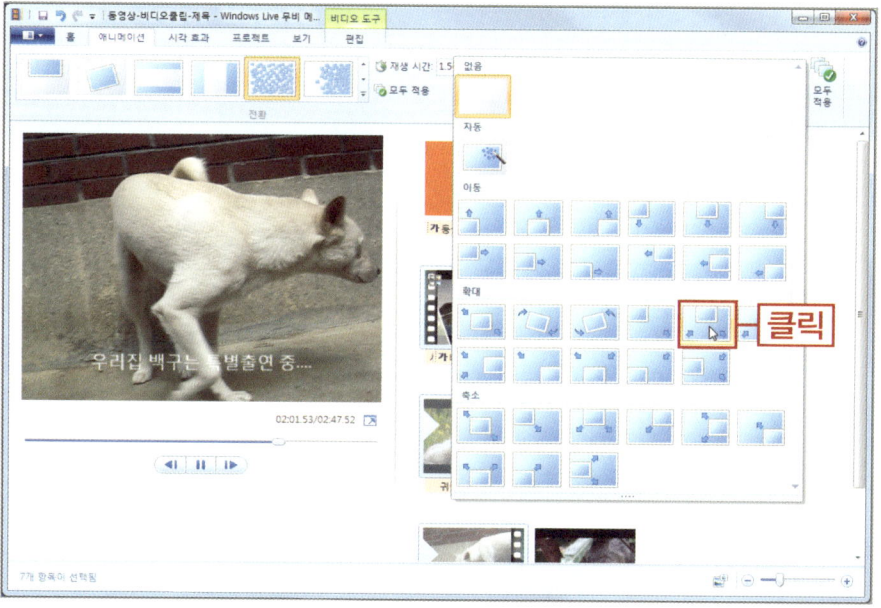

TIP [재생](▶) 단추를 클릭하면 장면의 전환 효과와 비디오 클립 내의 화면 효과를 확인할 수 있습니다.

20장. 비디오 클립에 다양한 효과 주기 | 109

Step 3 음악 삽입하기

07 [홈] 탭의 [추가] 그룹에서 [음악 추가](♪)를 클릭합니다. [음악 추가] 대화상자가 나타나면 추가할 음악 파일을 선택하고 [열기]를 클릭합니다.

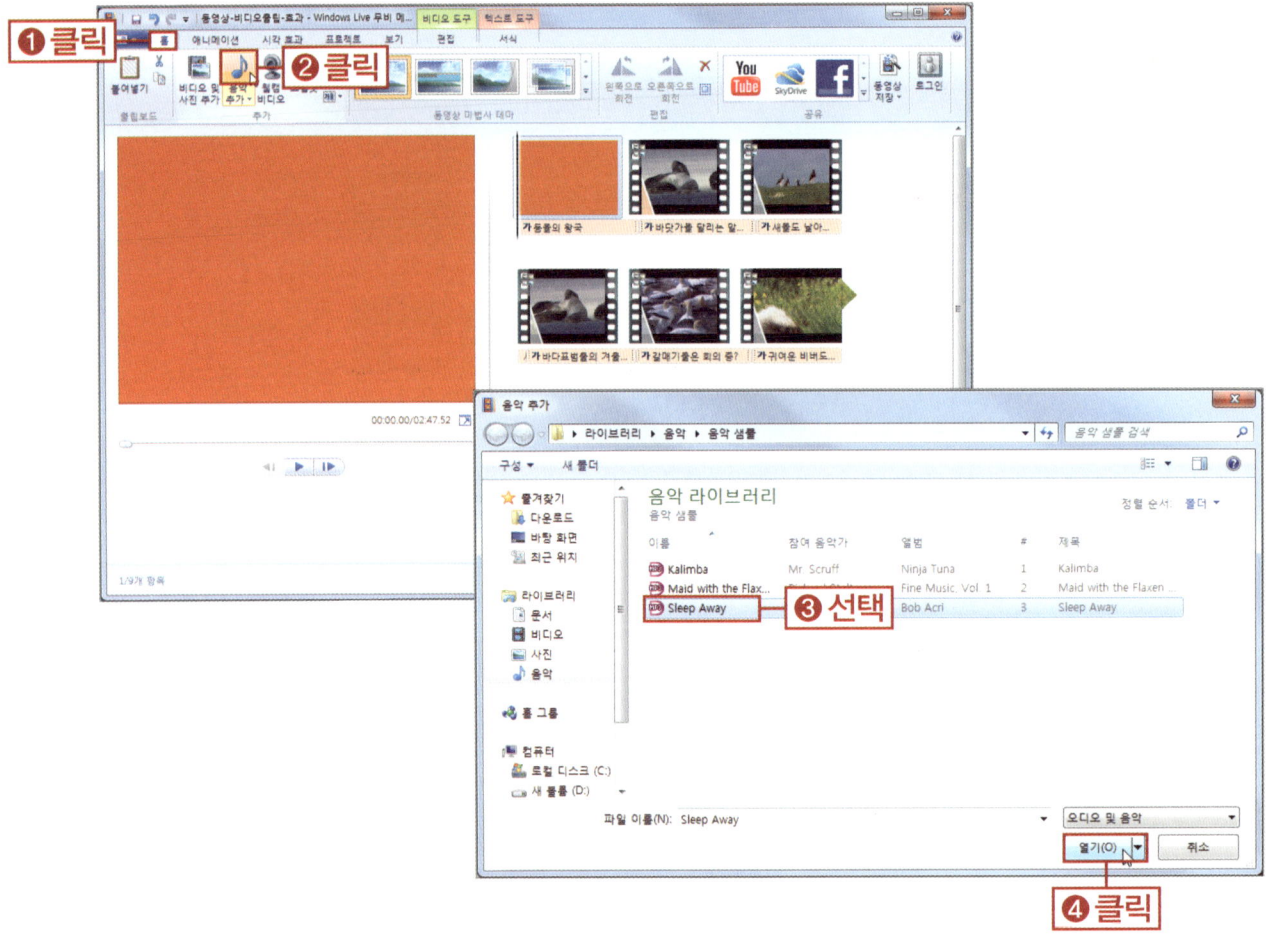

08 선택한 음악 파일이 동영상 배경 음악으로 지정됩니다.

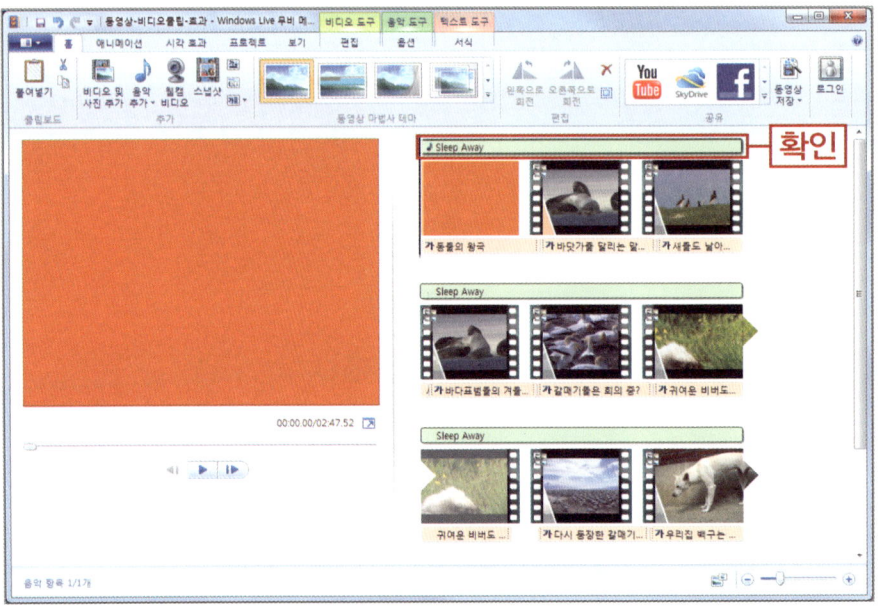

연습문제

01 자막 입력이 완료된 프로젝트 파일(비디오클립-자막.wlmp)을 불러온 후 비디오 파일의 속도를 '0.5x'로 조절하고 다음과 같은 화면 전환 효과를 지정해 보세요.

02 프로젝트 파일(놀이터-연결.wlmp)을 불러온 후 비디오 파일의 속도를 '0.5x'로 조절하고 다음과 같은 화면 전환 효과를 지정해 보세요.

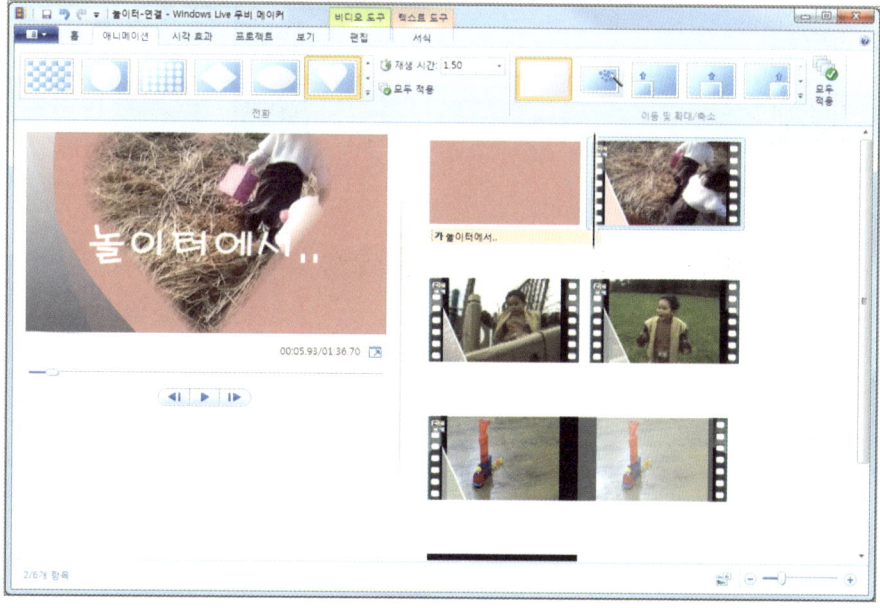

20장. 비디오 클립에 다양한 효과 주기 | **111**

동영상 제작 + 편집

제작한 동영상 유튜브(Youtube)에 올리기

유튜브 사이트는 전 세계적으로 사용자가 가장 많은 동영상 공유 사이트입니다. 유튜브를 통해 스타가 되기도 하고 정치, 사회적으로 이슈가 되는 동영상이 퍼지기도 합니다. 자신이 만든 동영상을 전 세계인들과 공유할 수 있도록 유튜브 사이트에 게시하는 방법을 알아봅니다.

| 이런걸 배워요! | 동영상 유튜브 게시, 유튜브 동영상 확인

미 리 보 기

유튜브에 동영상 올리기

01 완성된 동영상을 유튜브(YouTube) 사이트에 올리기 위해 [홈] 탭의 [공유] 그룹에서 [You Tube]()를 클릭합니다.

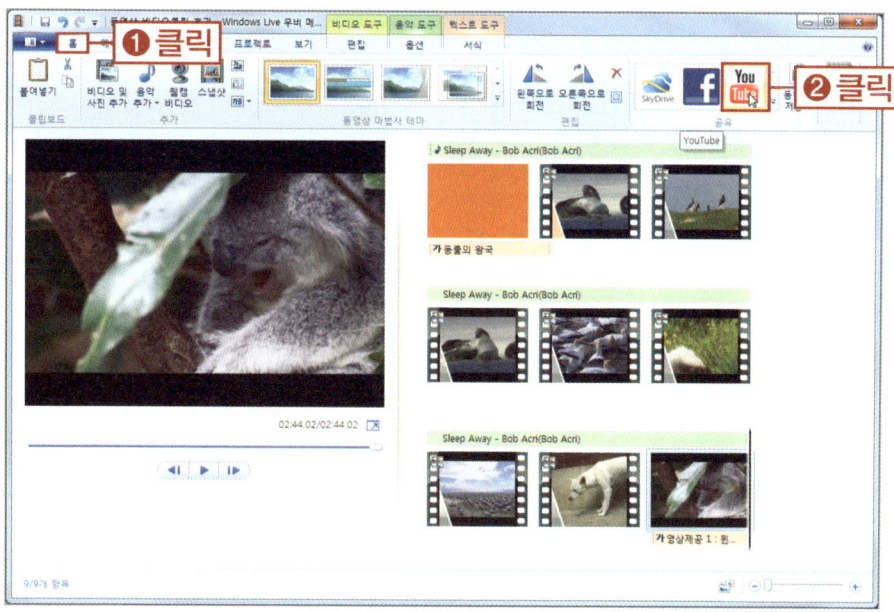

02 동영상 해상도를 선택하는 창이 나타나면 원하는 동영상의 크기를 클릭합니다. [Windows Live 로그인] 대화상자가 나타나면 윈도우 라이브 사이트에 로그인합니다.

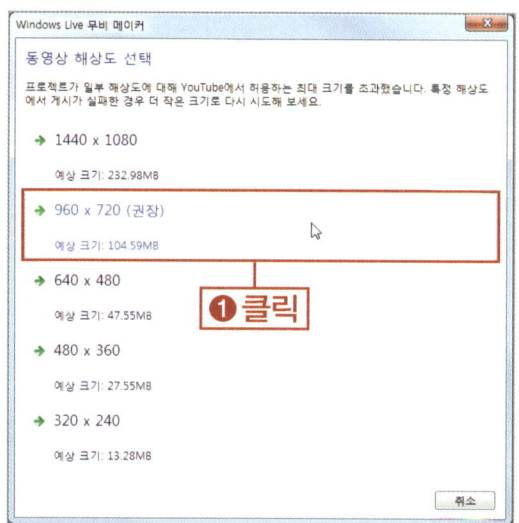
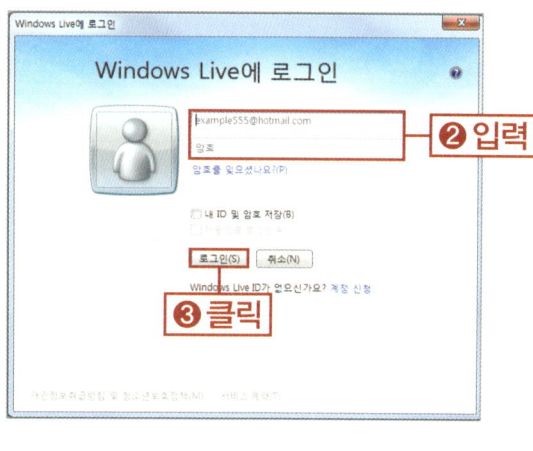

> **TIP** 윈도우 라이브에 로그인하기 위해서는 먼저 윈도우 라이브 사이트(http://windowslive.msn.co.kr)의 회원으로 가입되어 있어야 합니다.

03 이번에는 유튜브 사이트에 로그인하는 창이 나타납니다. 사용자 이름과 암호를 입력하여 로그인합니다.

04 비디오의 제목과 설명, 비디오가 등록될 카테고리 등을 지정한 후 [게시]를 클릭합니다.

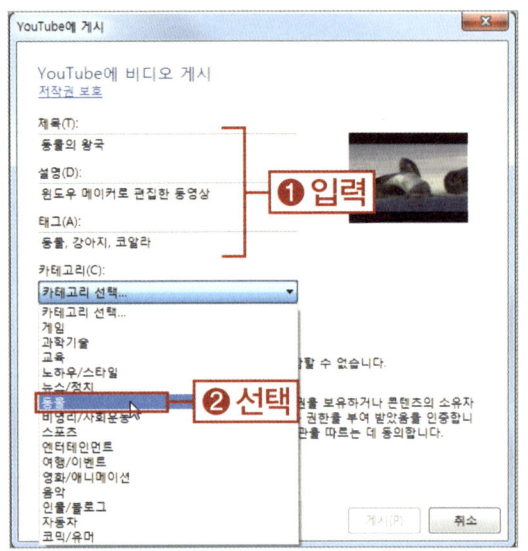 

05 프로젝트 파일이 동영상 파일로 변환되는 과정을 거친 후 유튜브에 게시되는 과정이 나타납니다. 동영상을 유튜브 사이트에 게시했다는 확인 창이 나타나면 [닫기]를 클릭합니다.

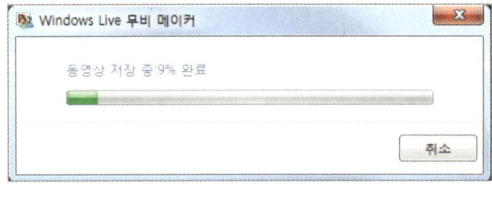 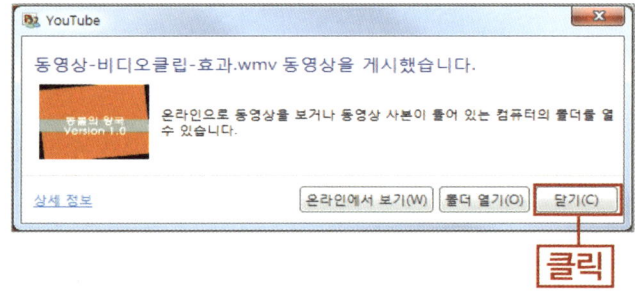

> **TIP** 유튜브 사이트에 동영상을 게시한 후 곧바로 확인할 수는 없습니다. 동영상이 완전히 게시되도록 약간의 시간을 기다리면 인터넷에서 직접 게시한 동영상을 확인할 수 있습니다.

유튜브에서 동영상 확인하기

06 유튜브 사이트에 게시한 동영상을 확인하려면 웹브라우저를 실행하고 유튜브 (www.youtube.com) 사이트에 로그인합니다.

07 로그인 후 나타나는 사용자 아이디를 클릭한 후 목록에서 [내 동영상]을 클릭합니다.

08 윈도우 무비 메이커에서 게시한 동영상이 나타나면 동영상 링크를 클릭합니다.

09 유튜브 사이트를 통해 게시된 동영상이 재생되는 것을 확인할 수 있습니다.

연습문제

01 앞에서 완성한 동영상을 유튜브 사이트에 게시해 보세요.

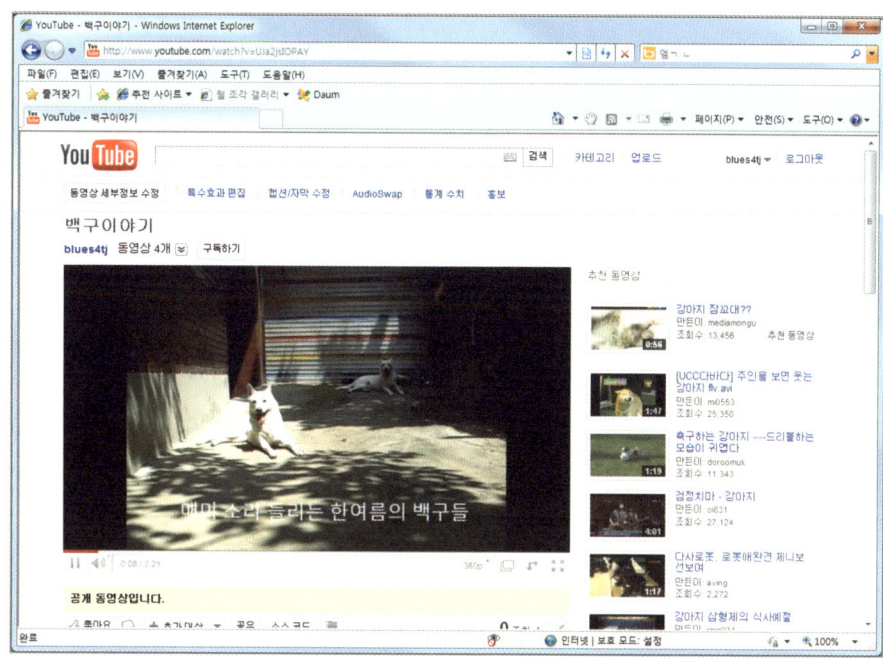

02 간단한 동영상을 제작한 후 유튜브 사이트에 게시해 보세요.

동영상 제작 + 편집

22장 제작한 동영상 카페와 블로그에 올리기

전 세계인들이 볼 수 있는 유튜브 사이트에 내 동영상을 올리는 것도 좋지만, 내가 가입한 카페나 내 블로그에 동영상을 올려 가까운 사람들과 공유할 수도 있습니다. 가입한 카페 게시판과 내 블로그의 게시판에 동영상을 올리는 방법에 대해 알아봅니다.

이런걸 배워요! 동영상 블로그 게시, 동영상 인터넷 카페 게시

미리보기

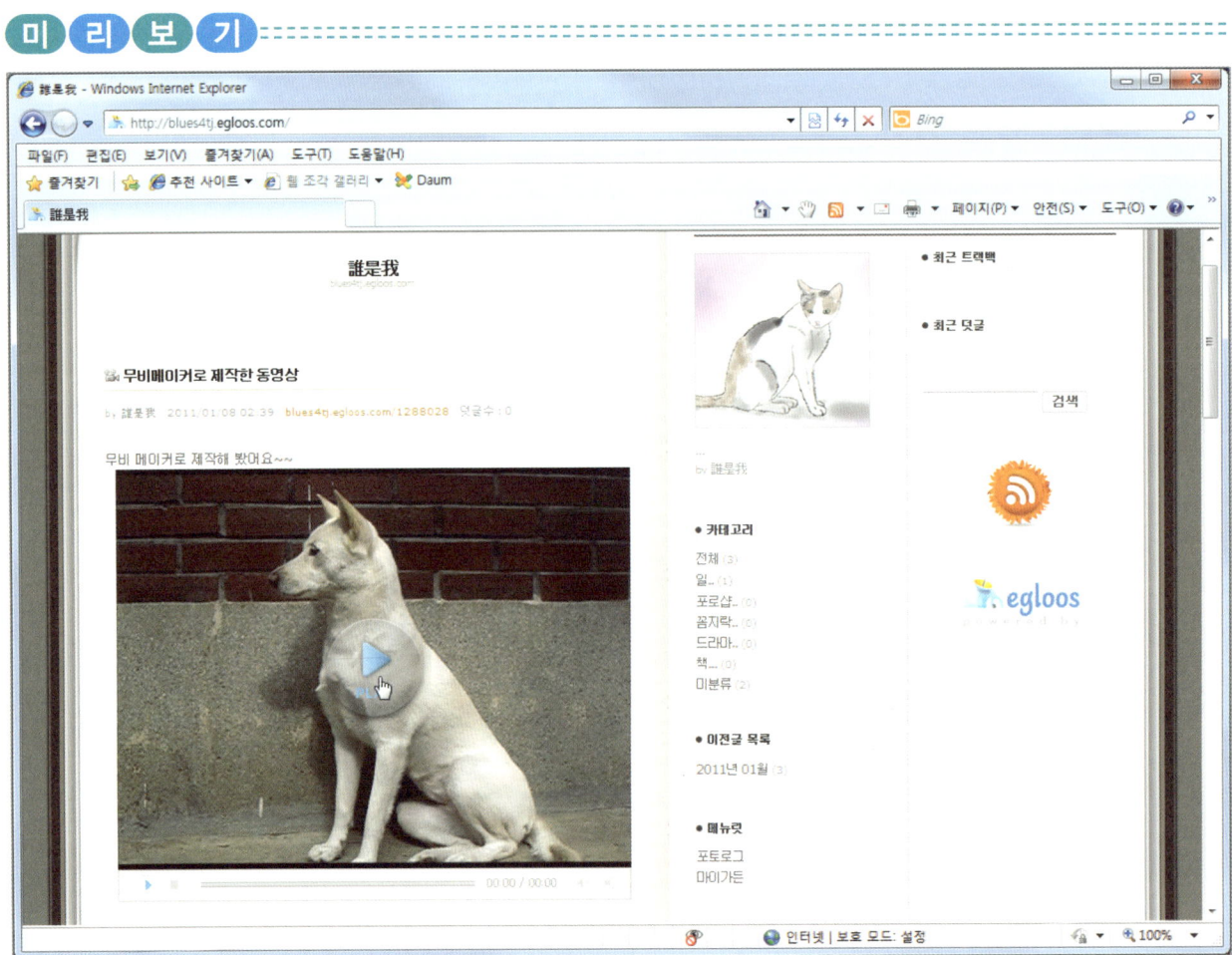

 **카페에 동영상 올리기**

01 가입한 카페에 로그인한 후 카페 게시판 중 하나를 선택하고 [카페 글쓰기]를 클릭합니다. 글쓰기 편집 창에서 [동영상]을 클릭합니다.

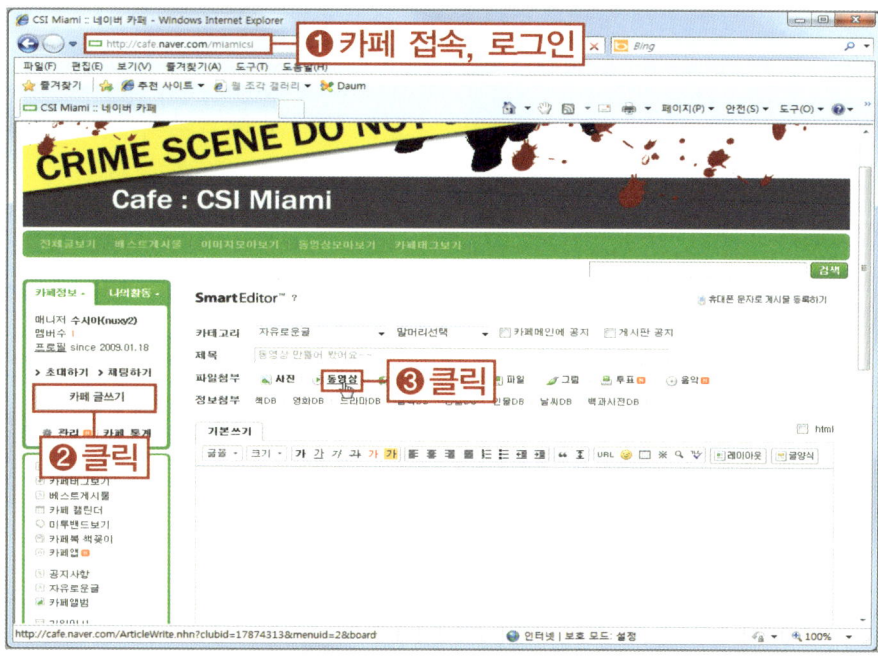

02 카페 업로더 창이 나타나면 [동영상찾기]를 클릭한 후 [내컴퓨터에서]를 선택합니다.

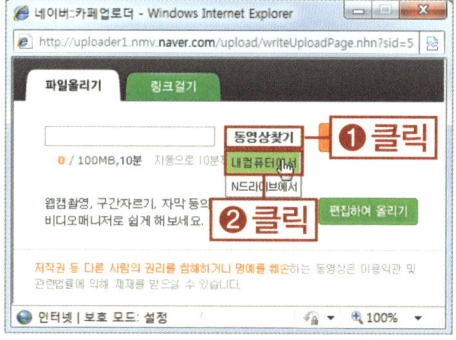

03 [파일 선택] 대화상자가 나타나면 카페에 올릴 파일을 선택하고 [열기]를 클릭합니다.

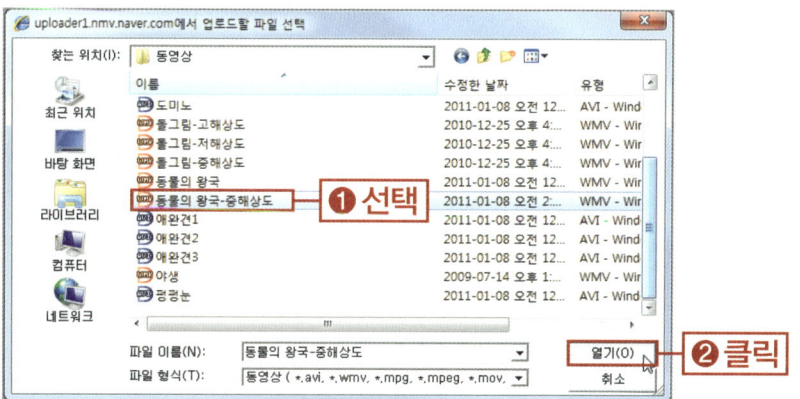

04 선택한 동영상이 표시되면 [그냥 올리기]를 클릭하여 동영상 업로드를 시작합니다. 동영상 업로드가 완료된 후에는 동영상의 표지가 되는 이미지를 선택하고 [올리기 완료]를 클릭합니다.

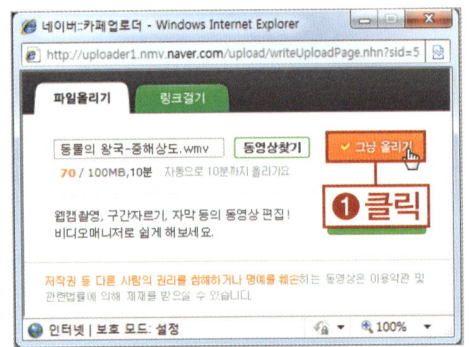

05 글쓰기 게시판의 편집 창에 동영상이 표시되면 [확인]을 클릭합니다.

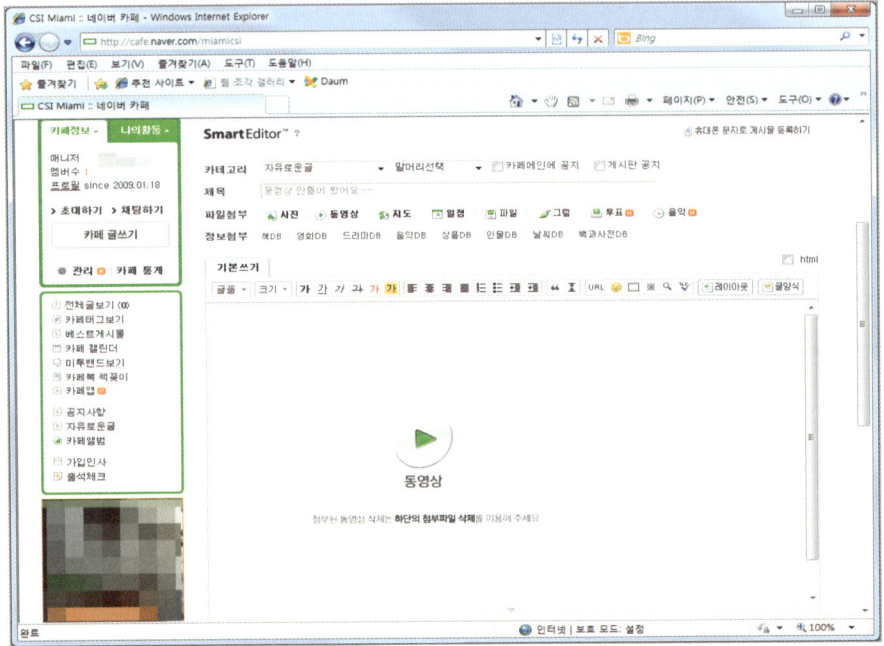

06 동영상이 인코딩되는 시간을 잠시 기다리면 카페 게시판에 올린 내 동영상을 확인할 수 있습니다.

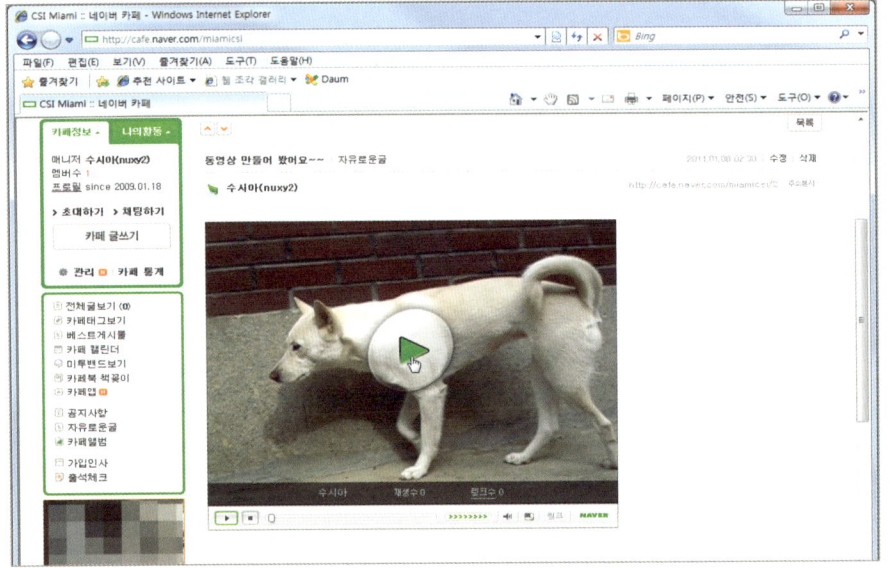

 **내 블로그에 동영상 올리기**

07 내 블로그에 로그인한 후 [새 글쓰기]를 클릭하고 글쓰기 편집 창의 [동영상 추가]를 클릭합니다.

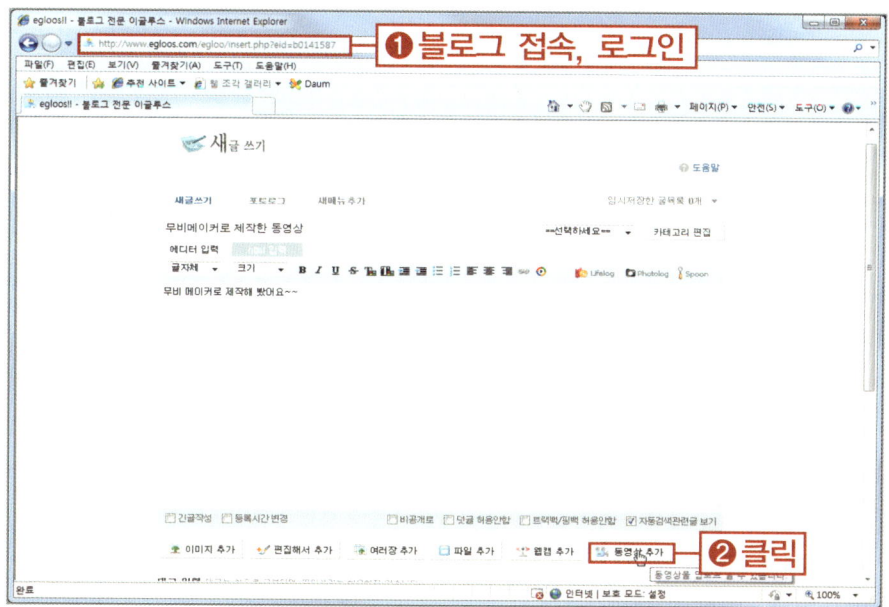

TIP 사용자가 가입한 사이트의 블로그에 따라 레이아웃이 조금씩 다를 수 있지만, 동영상을 업로드하는 과정이나 방법은 거의 동일합니다.

08 블로그 업로드 창이 나타나면 [파일찾기]를 클릭한 후 블로그에 올릴 동영상을 선택하고 [열기]를 클릭합니다. 다시 블로그 업로드 창이 나타나면 [확인]을 클릭합니다.

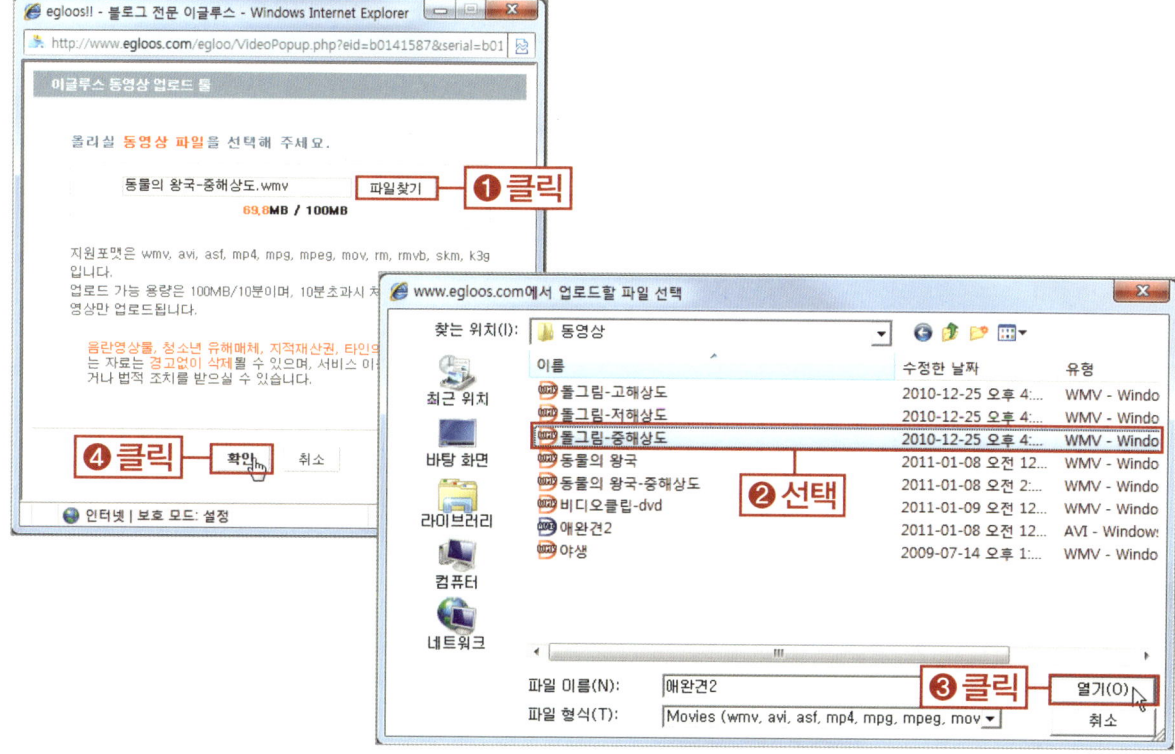

09 동영상이 업로드되는 과정이 끝나면 동영상 표지로 사용할 이미지를 선택한 후 [확인]을 클릭합니다.

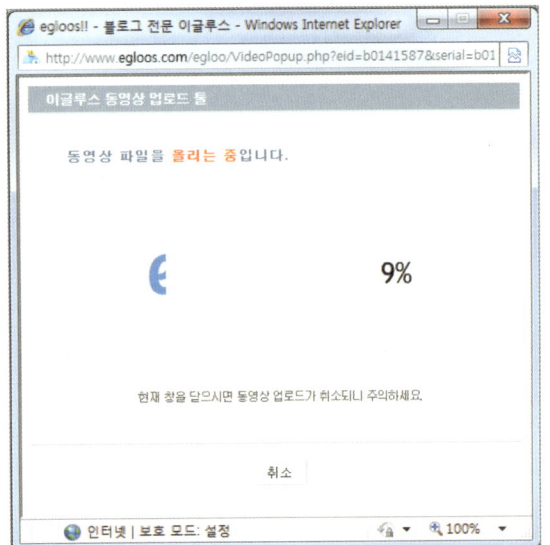

10 글쓰기 편집 창에 동영상이 나타나면 [확인]을 클릭합니다.

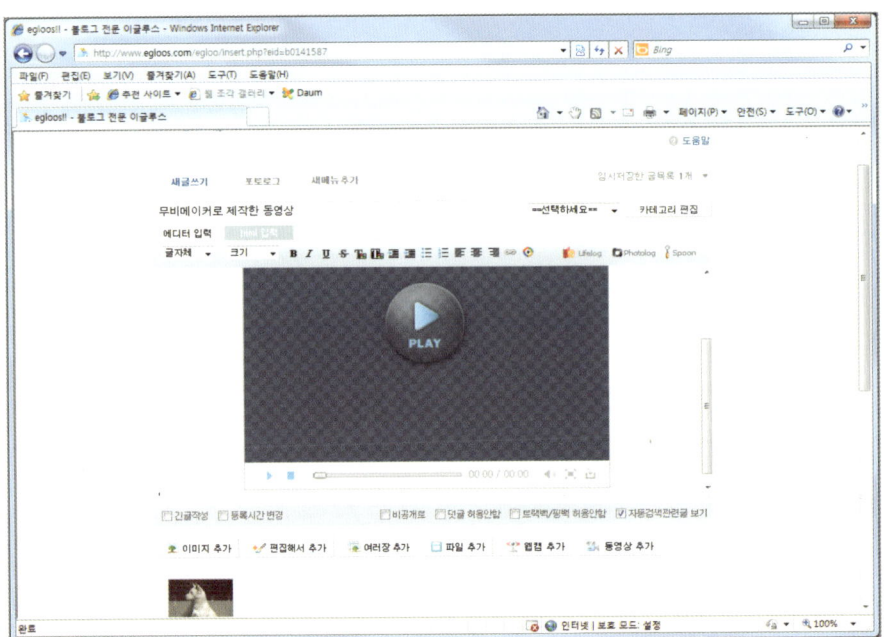

11 개인 블로그에 업로드된 동영상을 재생해 봅니다.

연습문제

01 변환한 동영상 파일을 카페 게시판에 업로드해 보세요.

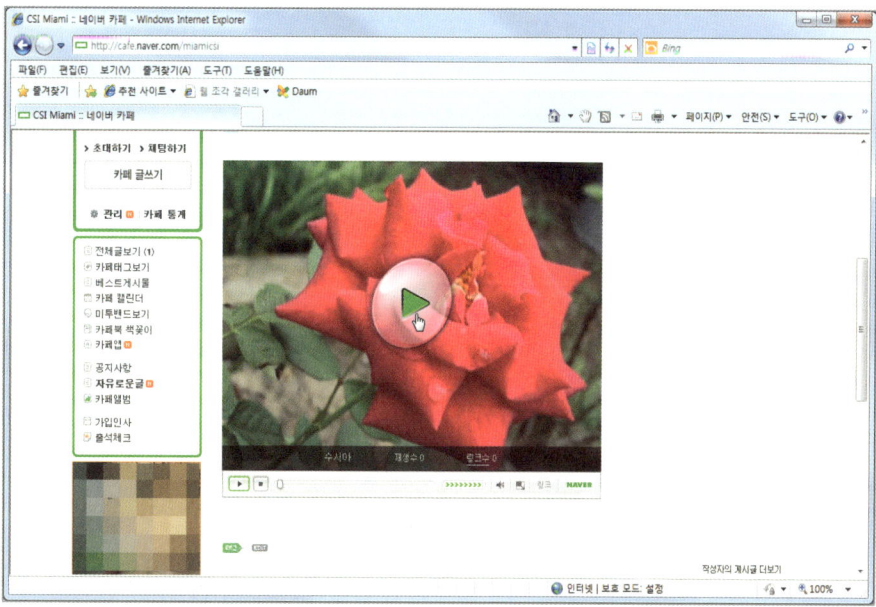

02 변환한 동영상 파일을 내 블로그 게시판에 업로드해 보세요.

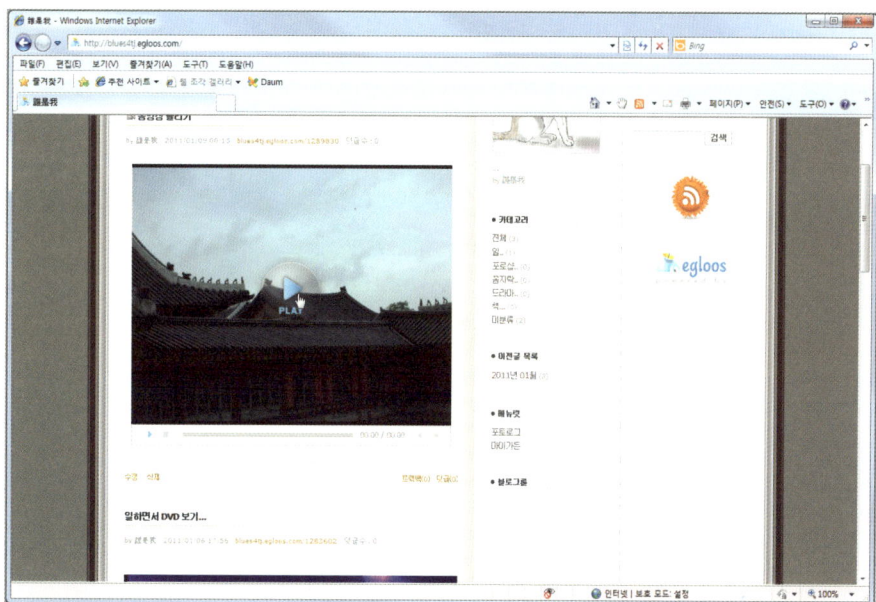

동영상 제작 + 편집

23장 Daum 팟인코더를 이용해 동영상 변환하기

무비 메이커를 사용하여 제작한 동영상을 휴대폰에 저장해서 보고 싶다면 휴대폰에서 재생할 수 있는 동영상 파일 형식으로 변환해 주어야 합니다. 동영상 파일 형식을 변환하는 것을 인코딩이라고 하며, 인코딩을 하기 위해서는 Daum 팟인코더라는 프로그램이 필요합니다. Daum 팟인코더를 사용해 앞에서 만든 동영상을 변환하는 방법에 대해 알아봅니다.

| 이런걸 배워요! | 동영상 인코딩, 인코딩 동영상 전송

미 리 보 기

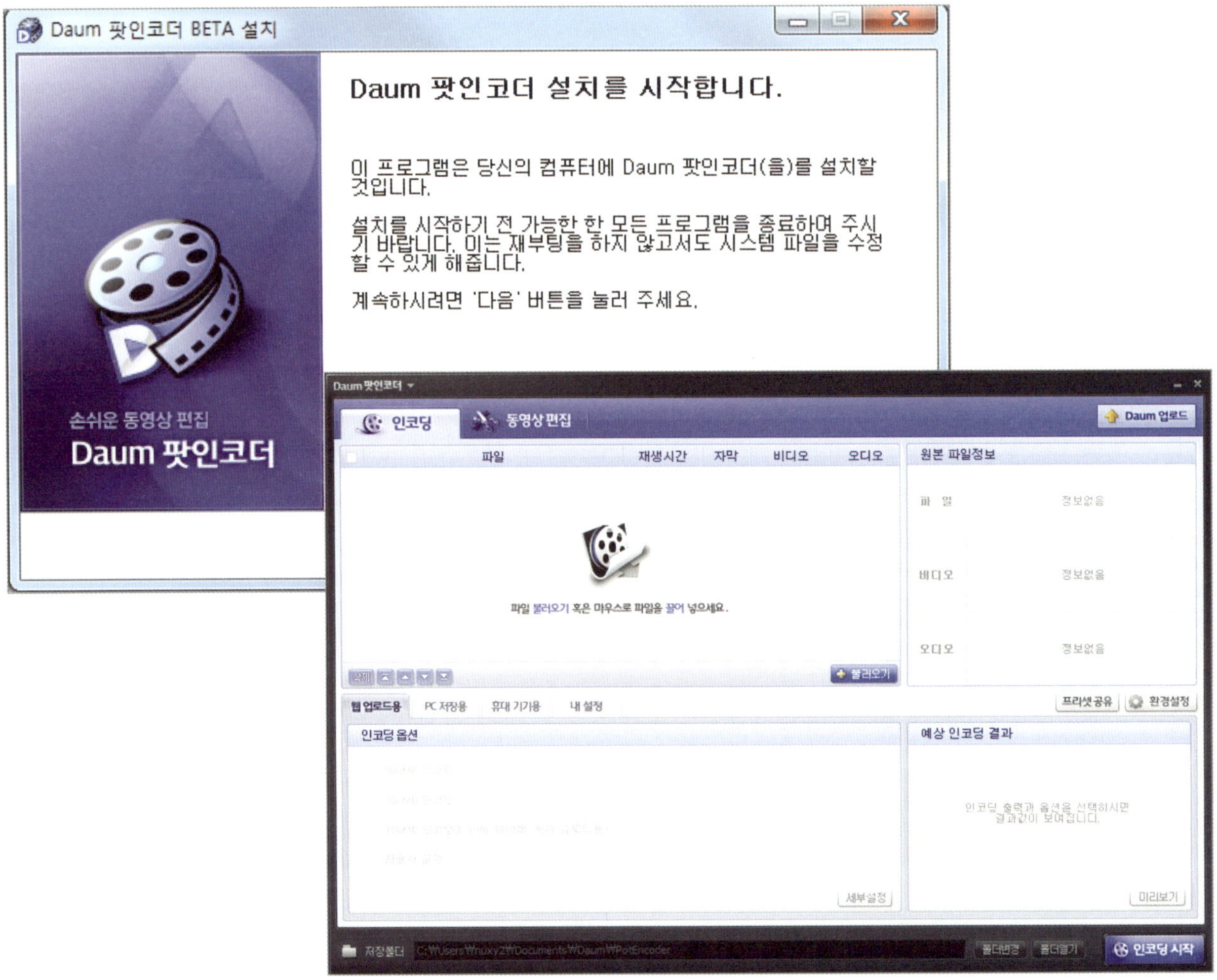

Step 1 동영상 인코딩하기

01 Daum 팟인코더를 다운로드 받아 설치한 후 프로그램을 실행합니다.

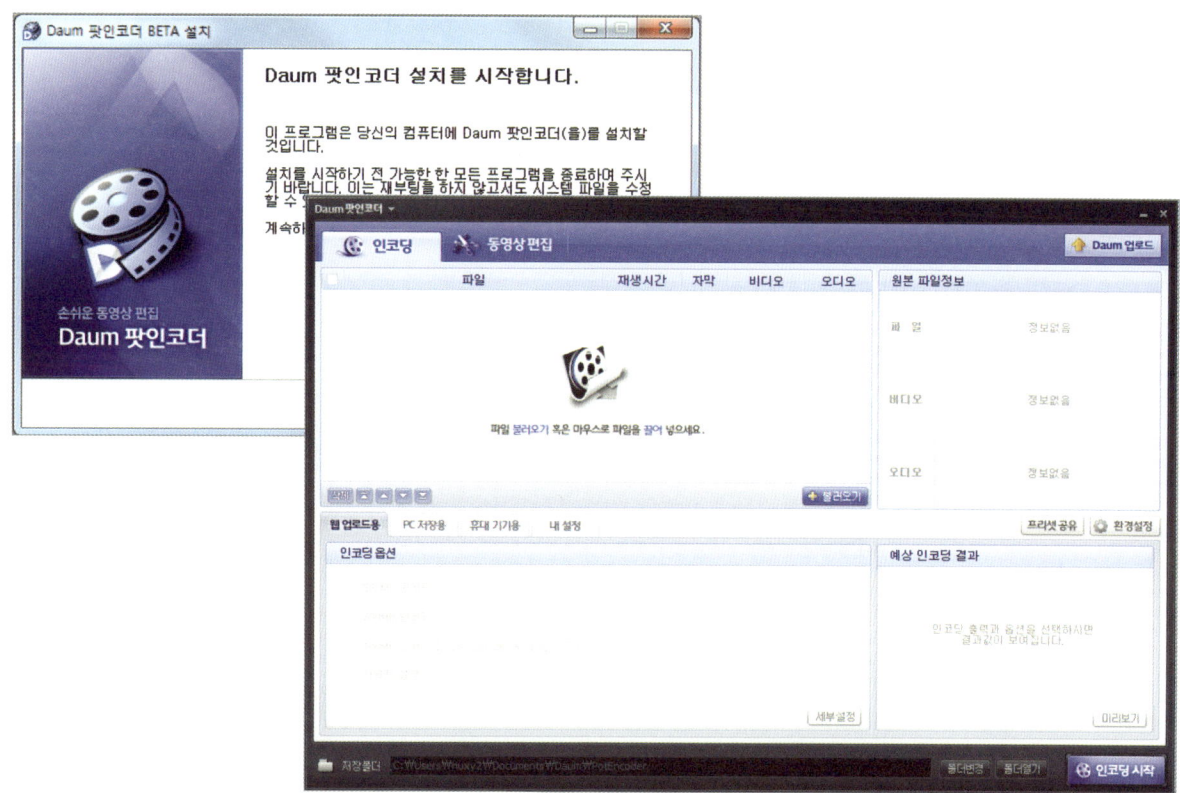

> **TIP** Daum 팟인코더 프로그램은 포털 사이트에서 '다음 팟인코더'로 검색한 후 다운로드 받아 설치합니다.

02 윈도우 탐색기와 Daum 팟인코더를 실행한 후 [인코딩] 탭이 선택된 상태에서 윈도우 탐색기의 동영상을 [인코딩] 영역으로 드래그합니다.

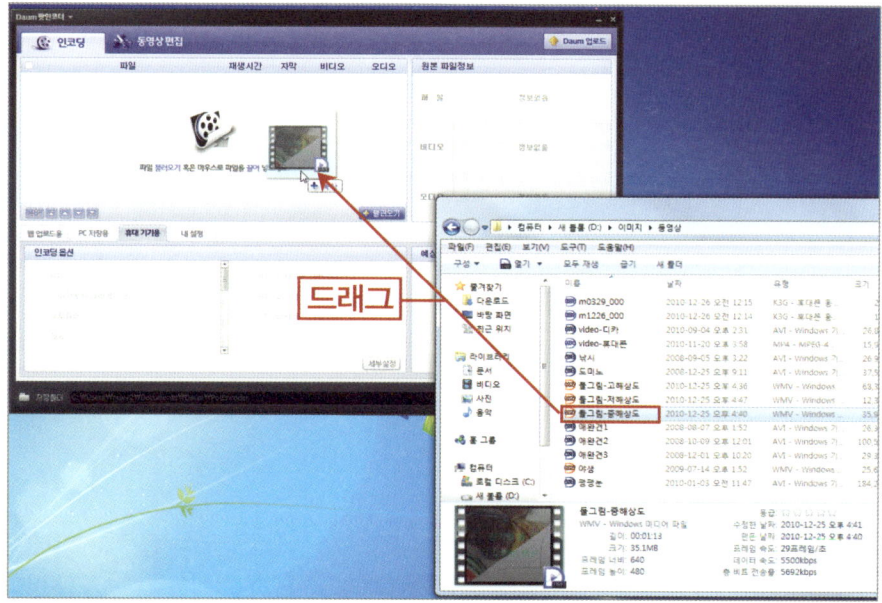

> **TIP** 휴대폰에서 재생할 수 있는 동영상 파일은 *.mp4나 *.k3g 등이 있습니다. wmv, avi 등의 동영상 파일을 Daum 팟인코더를 통해 간단하게 인코딩할 수 있습니다.

23장. Daum 팟인코더를 이용해 동영상 변환하기 | 125

03

Daum 팟인코더의 [폴더변경]을 클릭한 후 인코딩한 동영상을 저장할 폴더를 선택하고 [확인]을 클릭합니다.

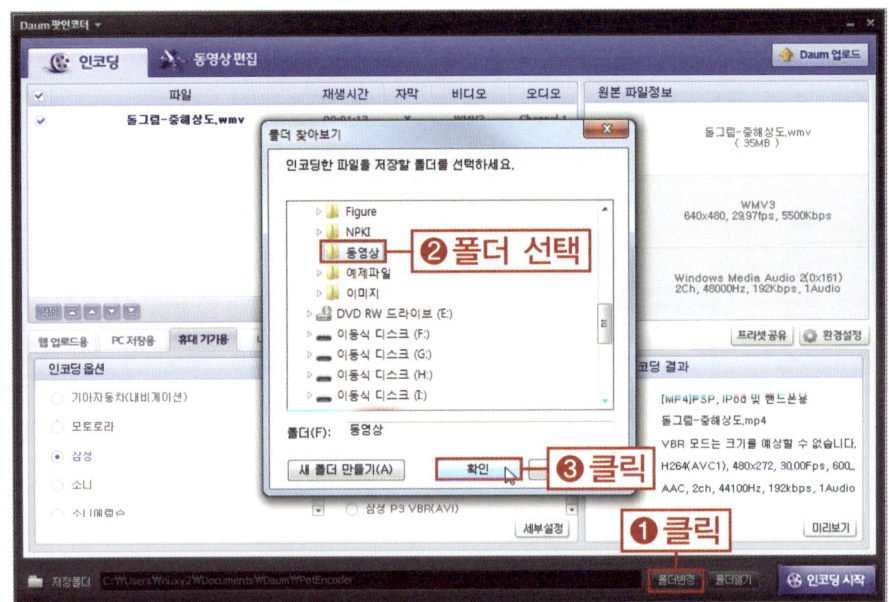

04

[인코딩 옵션] 항목에서 휴대폰의 제조사와 모델명을 선택하고 [인코딩 시작]을 클릭합니다.

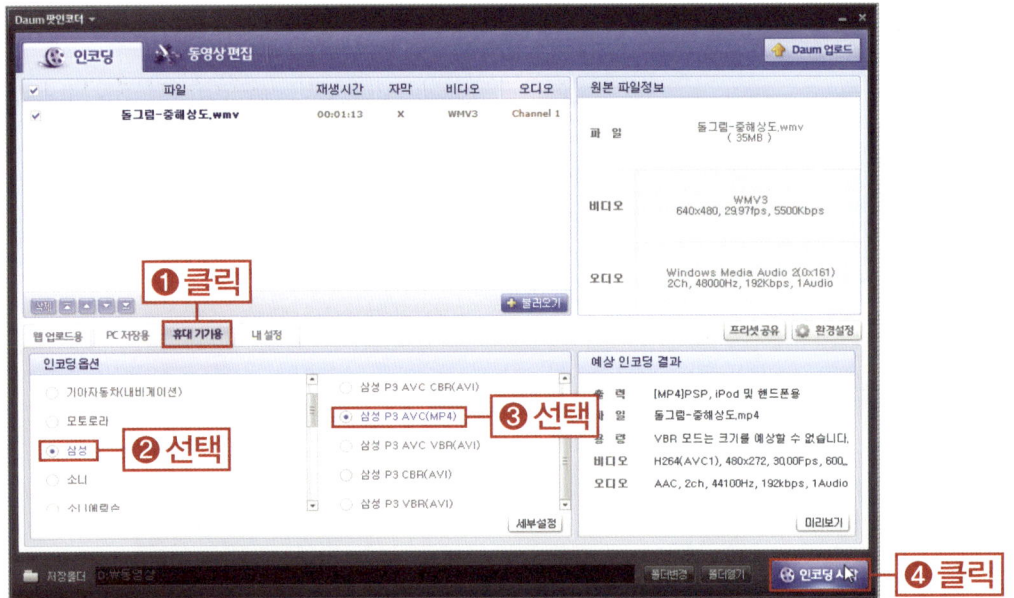

05

선택한 동영상의 인코딩이 진행됩니다.

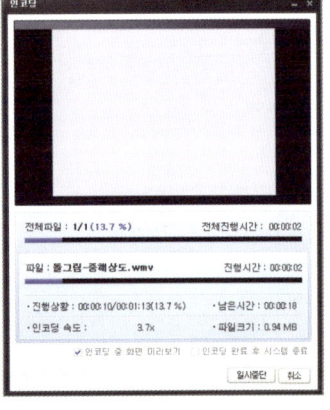
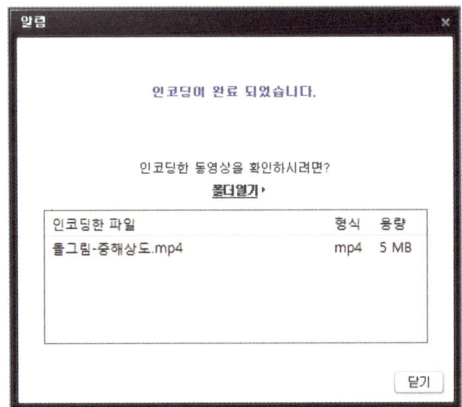

Step 2 인코딩한 동영상을 휴대폰으로 보내기

06 동영상 인코딩이 완료되면 휴대폰과 컴퓨터를 USB 케이블로 연결한 후 휴대폰 전용 프로그램을 실행합니다. 내 컴퓨터에 저장되어 있는 인코딩이 완료된 파일을 선택한 후 [기기로 전송]을 클릭하여 휴대폰으로 전송합니다.

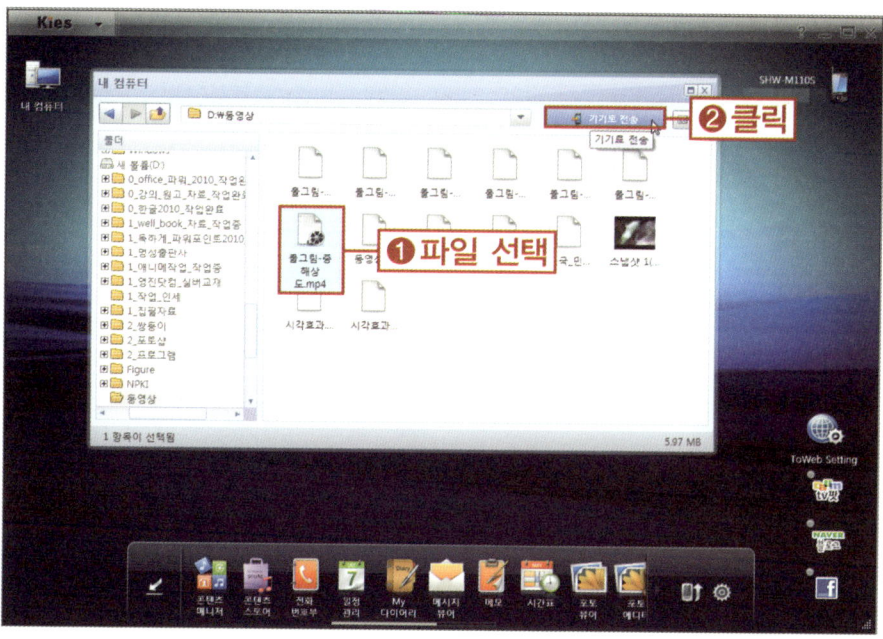

07 인코딩한 동영상이 컴퓨터에서 휴대폰으로 전송되면 전용 프로그램을 종료합니다. 휴대폰에서 전송된 동영상을 확인해 봅니다.

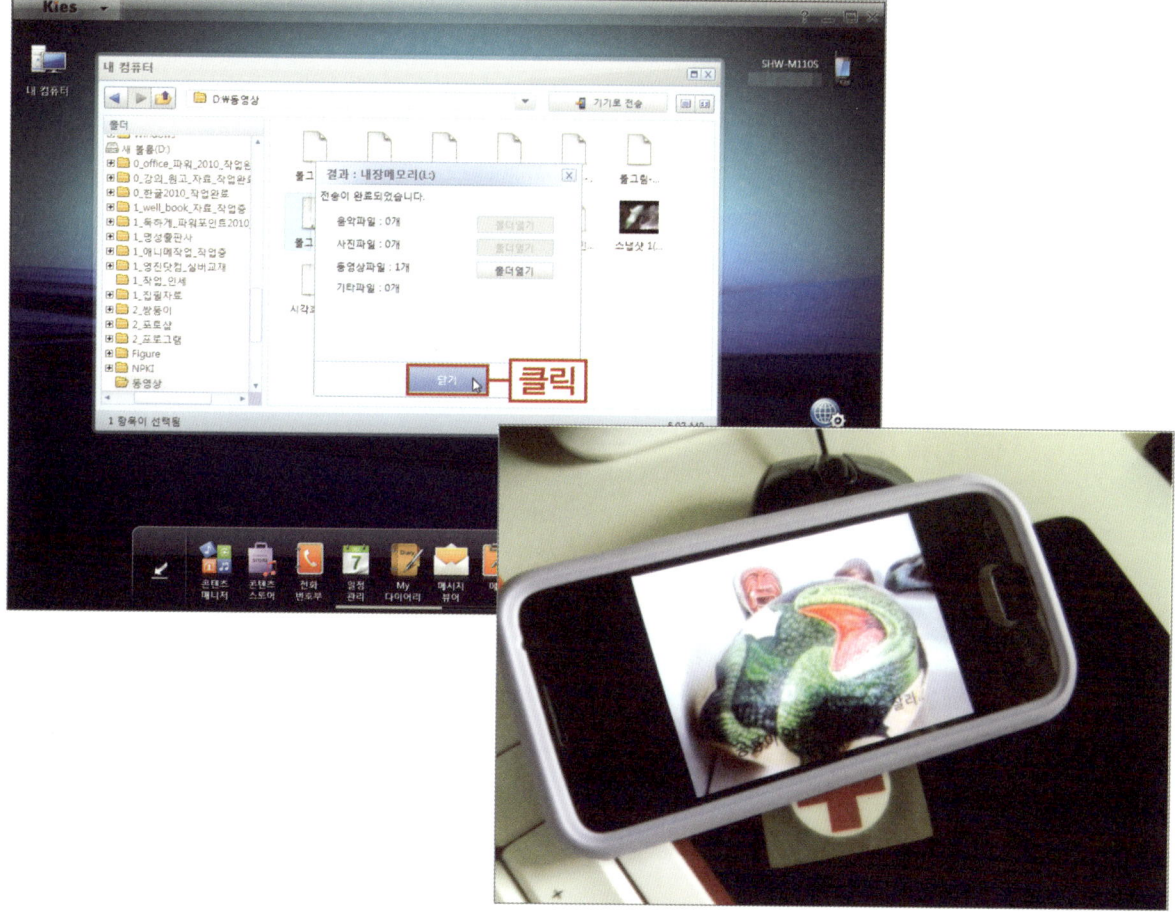

연습문제

01 '비디오클립-효과' 프로젝트 파일을 '애완견'이라는 이름의 동영상 파일로 변환하고, 'Daum 팟인코더'를 이용하여 mp4 파일 형식으로 인코딩해 보세요.

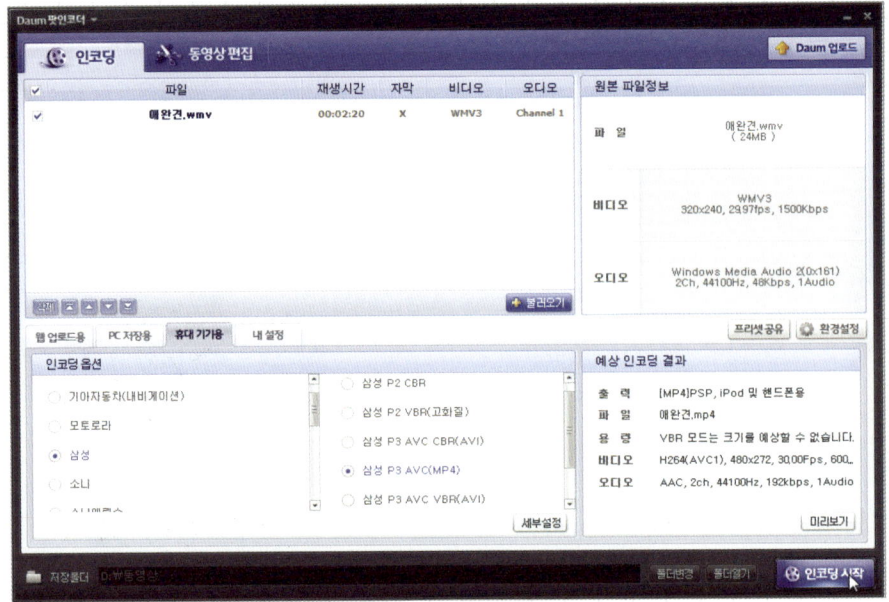

02 인코딩이 완료된 동영상 파일을 내 휴대폰으로 옮긴 후 휴대폰으로 감상해 보세요.

동영상 제작 + 편집

24장 DVD로 제작하고 감상하기

완성된 동영상을 DVD로 제작해두면 DVD 플레이어가 연결된 컴퓨터나 TV에서 언제든 재생해 볼 수 있습니다. 무비 메이커에서 동영상 저장 형식을 'DVD로 굽기'로 지정하면 자동으로 윈도우 DVD 메이커가 실행되어 DVD 플레이어에서 재생이 가능한 파일 형식으로 바뀌어 기록됩니다. 앞에서 완성한 동영상을 DVD 파일 형식으로 기록하는 방법에 대해 알아봅니다.

| 이런걸 배워요! | 윈도우 DVD 메이커 사용

DVD 메이커 실행하고 동영상 굽기

01 윈도우의 [시작] 단추( )를 클릭한 후 [모든 프로그램]-[Windows DVD Maker]를 선택합니다.

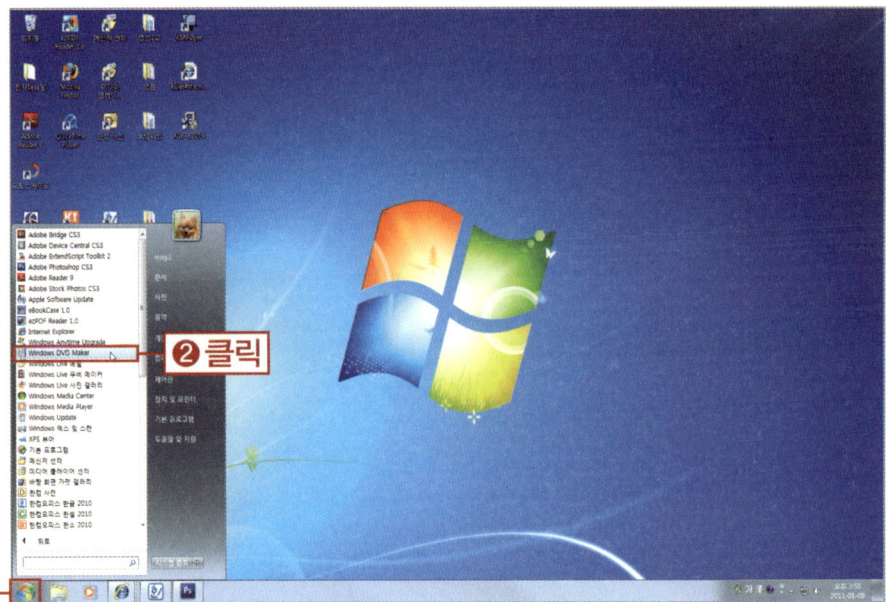

TIP 무비 메이커의 [홈] 탭-[공유] 그룹에서 [동영상 저장]( )의 아랫부분( )을 클릭한 후 [DVD 굽기]를 선택하면 현재의 프로젝트 파일을 동영상으로 변환한 후 DVD 메이커가 실행됩니다.

02 윈도우 DVD 메이커가 실행되면 [사진 및 비디오 선택]을 클릭합니다.

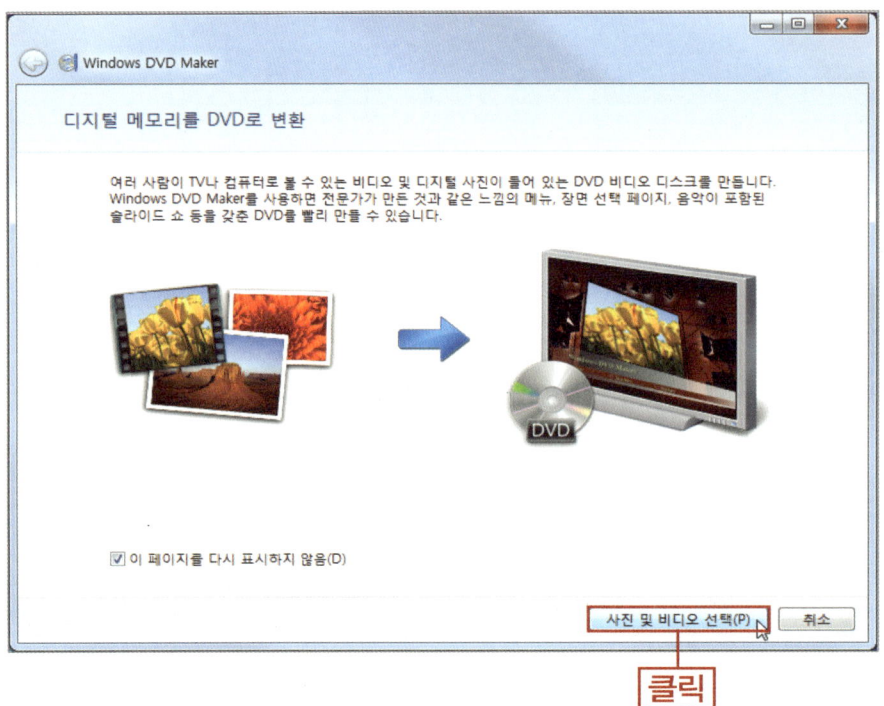

03 DVD에 사진 및 비디오를 추가할 수 있는 화면으로 이동하면 [항목 추가]를 클릭합니다. [DVD에 항목 추가] 대화상자가 나타나면 DVD에 추가할 동영상을 여러 개 선택한 후 [추가]를 클릭합니다.

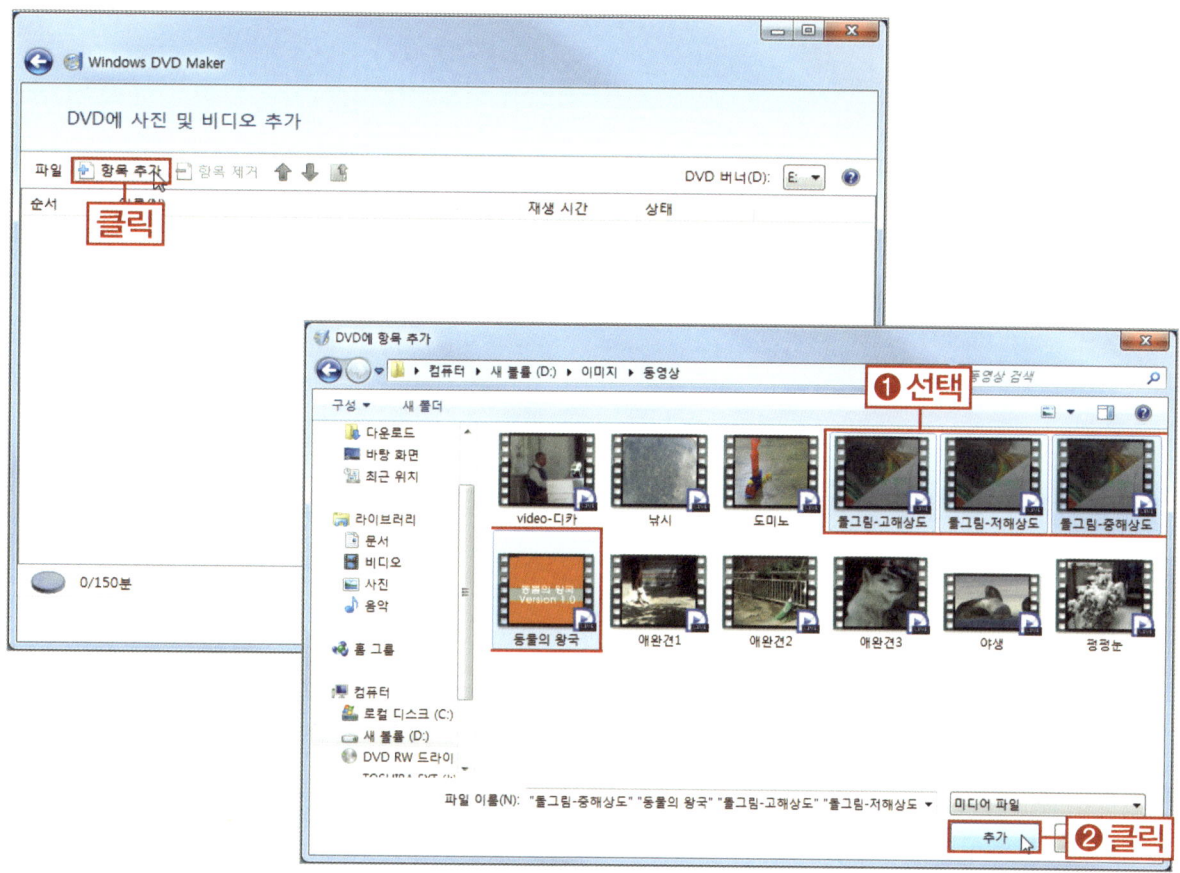

04 DVD에 추가할 동영상 목록이 표시되면 확인한 후 DVD 제목을 입력하고 [다음]을 클릭합니다.

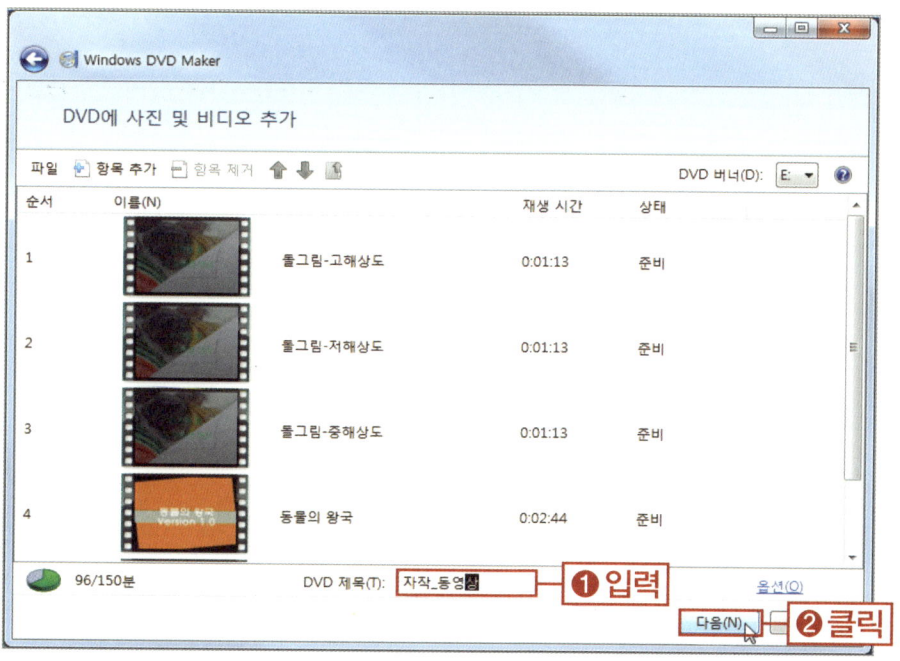

05
DVD 굽기 준비가 완료되면 [메뉴 형식] 목록에서 메뉴 화면으로 사용할 이미지를 선택한 후 [굽기]를 클릭합니다.

06
동영상이 DVD 파일 형식으로 인코딩되는 과정을 거친 후 DVD에 동영상을 굽는 과정이 나타납니다.

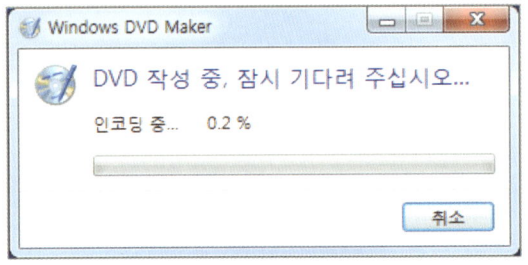 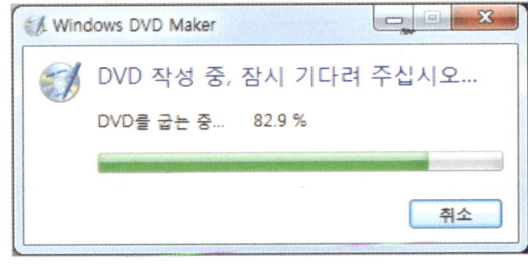

07
DVD 작성이 완료되면 [닫기]를 클릭합니다.

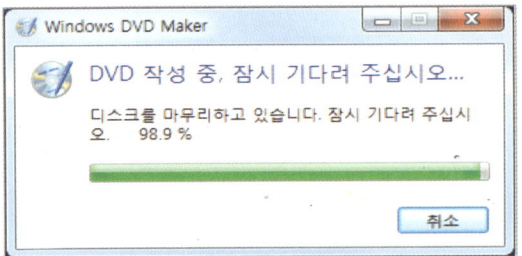 

DVD 형식의 동영상 재생하기

08 DVD 작성이 완료되면 컴퓨터의 DVD 플레이어나 TV에 연결된 DVD 플레이어에 구워둔 DVD를 넣고 재생합니다.

09 DVD 메이커에서 지정한 메뉴 화면에서 원하는 동영상을 선택하면 해당 동영상을 감상할 수 있습니다.

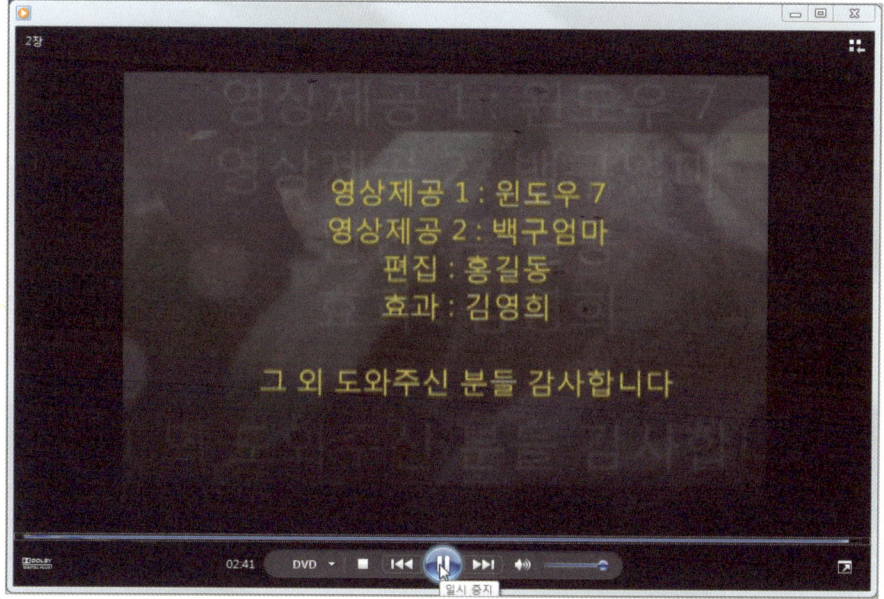

24장. DVD로 제작하고 감상하기 | **133**

연습문제

01 윈도우 무비 메이커를 실행하고 [홈] 탭의 [공유] 그룹에서 [동영상 저장]을 클릭하여 완성된 프로젝트 파일을 DVD로 구워 보관해 보세요.

02 윈도우 DVD 메이커를 실행하고 여러 개의 동영상을 DVD로 구워 보관해 보세요.

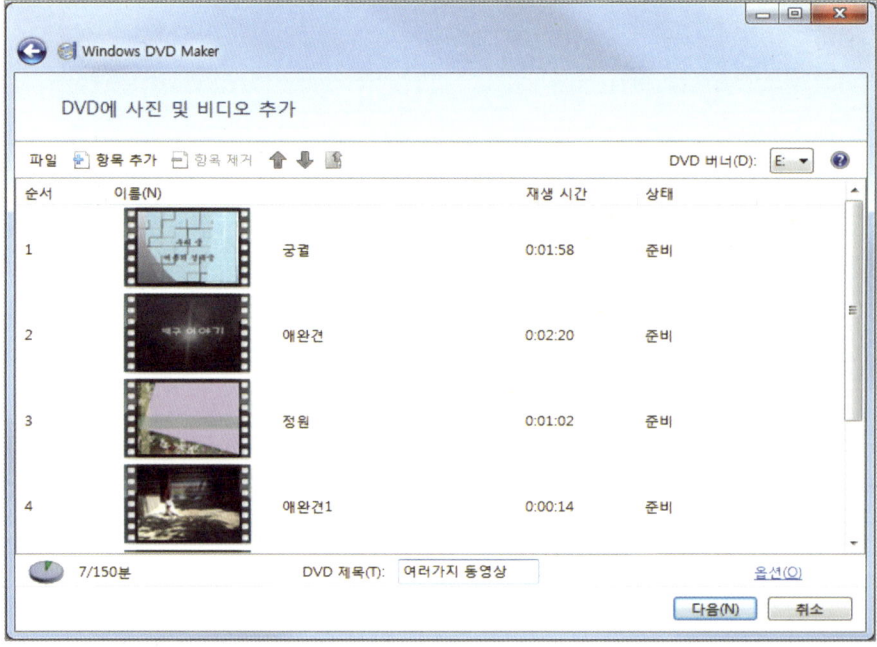

눈이 편한 동영상 제작 + 편집

1판 1쇄 발행_ 2011년 3월 15일
1판 12쇄 발행_ 2018년 1월 23일

저   자 • 김혜경
발 행 인 • 김길수
발 행 처 • (주)영진닷컴
주   소 • 서울 금천구 가산디지털2로 123 월드메르디앙벤처센터 10층 1016호
출판등록 • 2007. 4. 27 제 16-4189호

©2011., 2018. (주)영진닷컴
ISBN 978-89-314-4077-5

http://www.youngjin.com

It's Y. e-learning merit

영진닷컴 이러닝은 이런 게 다릅니다!

● IT 자격증 수험서 중 가장 적중률이 높은 영진닷컴 도서를 기반으로
책과 함께 공부하는 방식으로 단기간에 시험준비 끝!

● **반복학습에 적합한 시스템**으로 인터넷 회선 환경이 좋지 않아도
동영상 끊김 현상이 적어 편안히 학습할 수 있습니다.

● 금쪽같은 시간에 길고 지루한 강의는 NO~~~,
핵심적인 내용만 콕콕 찍어서 강의합니다. 당근 합격!!!

교육과정

▶ **IT자격증 과정**
- 정보처리
- 컴퓨터활용능력
- 사무자동화
- 워드프로세서
- ITQ
- MOS

▶ **IT일반과정**
- Home
- Office
- Web design
- Programing
- 어린이 IT 시리즈

▶ 문의전화 1588-0789 → 1번 → 1번